Der Angst schreibend begegnen

Der Angst schreibend begegnen

John P. Forsyth, Georg H. Eifert

John P. Forsyth
Georg H. Eifert

Der Angst schreibend begegnen

Ein geführtes Journal

Aus dem amerikanischen Englisch von Matthias Wengenroth

Dr. John P. Forsyth
New York State University, Albany

Dr. Georg H. Eifert
School of Health and Life Sciences, Chapman University, Orange (Kalifornien)

Bibliografische Information der Deutschen Nationalbibliothek
Die Deutsche Nationalbibliothek verzeichnet diese Publikation in der Deutschen Nationalbibliografie; detaillierte bibliografische Daten sind im Internet über http://www.dnb.de abrufbar.

Anregungen und Zuschriften bitte an:
Hogrefe AG
Lektorat Psychologie
Länggass-Strasse 76
3012 Bern
Schweiz
Tel. +41 31 300 45 00
info@hogrefe.ch
www.hogrefe.ch

Lektorat: Dr. Susanne Lauri
Herstellung: René Tschirren
Umschlagabbildung: Amy Shoup, New Harbinger
Satz: punktgenau GmbH, Bühl
Druck und buchbinderische Verarbeitung: Finidr s. r. o., Český Těšín
Printed in Czech Republic

Das vorliegende Buch ist eine Übersetzung aus dem amerikanischen Englisch. Der Originaltitel lautet „The Anxiety Happens Guided Journal" von John P. Forsyth und Georg H. Eifert.

Translated from the English language: THE ANXIETY HAPPENS GUIDED JOURNAL. WRITE YOUR WAY TO PEACE OF MIND
First published by: New Harbinger Inc.

1. Auflage 2024

(E-Book-ISBN_PDF 978-3-456-96341-9)
(E-Book-ISBN_EPUB 978-3-456-76341-5)
ISBN 978-3-456-86341-2
https://doi.org/10.1024/86341-000

Inhaltsverzeichnis

Vorwort des Übersetzers

Sind Sie auch so ein Kontrollfreak? Mögen Sie es, den Überblick zu behalten, Dinge im Griff zu haben, das eigene Leben und vielleicht auch das anderer in die richtigen Bahnen zu lenken? Auch wenn Sie von sich selbst sagen: „Ein ausgemachter Kontrollfreak bin ich eigentlich nicht", so *haben* Sie doch einen Kontrollfreak. Jeder von uns hat einen. Er sitzt zwischen den Ohren, nennt sich „Verstand" und kann gar nicht anders als zwei Dinge zu tun: Erstens bewertet er alles, was ihm unter die Augen kommt: Ist es gut oder schlecht, richtig oder falsch, negativ oder positiv, gefährlich oder ungefährlich? Und fällt diese Bewertung ungünstig aus, dann beginnt er zweitens geschwind damit, Gegenmaßnahmen zu ersinnen: „Aha, anscheinend habe ich ein Problem, wie bekomme ich das gelöst?"

Der Kontrollfreak in unserem Kopf ist unendlich fleißig und erfinderisch und das ist oft ein Segen. Nach dem Kontrollprinzip vorzugehen macht unser Leben in vielerlei Hinsicht besser und sicherer. Aber Kontrolle hat ihre Grenzen. Es gibt einfach Dinge, die sich unserem Einfluss entziehen. Insbesondere gilt das für unser Innenleben, unsere Gedanken, Gefühle und körperlichen Empfindungen, für Ärger, Traurigkeit, seelischen und körperlichen Schmerz – und für Angst. Angst reagiert mit Widerstand auf alle Versuche, sie unter Kontrolle zu bekommen. Ja, Angst lebt geradezu von dem Kampf, den wir gegen sie führen. Aber was ist die Alternative? Wie kann ein guter, konstruktiver Umgang mit der Angst aussehen – gerade auch mit intensiver, quälender Angst, wie sie Menschen erleben, die etwa unter Panikattacken, Phobien, Zwängen oder nicht enden wollenden Sorgenketten leiden?

Auf diese Frage geben die in Theorie und Praxis der Angstbehandlung erfahrenen Psychologen John Forsyth und Georg Eifert in diesem Buch eine überzeugende Antwort. Aber nicht nur das. Sie erarbeiten mit Ihnen Schritt für Schritt ein Fundament für eine völlig andere Beziehung zu Ihrer Angst und ihren Begleiterscheinungen. Als versierte Psychotherapeuten wissen die Autoren, dass die reine Aufnahme von Informationen – und seien sie noch so zutreffend und prägnant formuliert wie in diesem Buch – meist nicht ausreicht, um nachhaltige Veränderungen im Verhalten und Erleben zu bewirken. Wir müssen uns Neues aktiv aneignen, müssen damit arbeiten, damit es seine Wirkung entfaltet. Dieses kleine Buch steckt voller Anstöße, Übungen, Anleitungen, Experimente und ganz konkreter Vorschläge, die genau diesen Zweck erfüllen. Auf diese Weise hilft es Ihnen, Frieden zu schließen mit der Angst – und damit mit sich selbst – und sich aus der Falle zu befreien, in die Sie der kleine Kontrollfreak zwischen Ihren Ohren hineingeführt hat.

Sollte er sich beschweren, der Kontrollfreak in Ihrem Kopf, beruhigen Sie ihn: Er wird nicht arbeitslos. Im Gegenteil: Er wird weiterhin viel zu tun haben. Aber er wird sich so manche Frustration ersparen, wenn er sich auf Gebiete beschränkt, in denen er tatsächlich Gutes bewirken kann. Wenn das geschieht, werden Sie Ihre kostbare Energie und Lebenszeit nicht weiter auf den sinnlosen Kampf gegen die Angst verschwenden, sondern Ihre Chancen nutzen, um ein erfülltes Leben zu führen, ein Leben nach Ihren persönlichen Wertvorstellungen.

Matthias Wengenroth
Psychologischer Psychotherapeut
Autor von *Das Leben annehmen* und *Gib dich nicht auf, lass dich wieder ein*

Einführung: Sie sind nicht allein

Viele Menschen, die unter Ängsten leiden, fühlen sich ausgesprochen allein. Auch Sie kennen das vielleicht. Möglicherweise glauben Sie, dass Ihre Angst so stark ist, dass niemand nachvollziehen kann, wie es Ihnen geht. In gewisser Hinsicht stimmt das auch: Kein Mensch kennt das, was Sie erleben, besser als Sie selbst. Das heißt aber nicht, dass Sie damit allein sind.

Menschen mit Angststörungen sind überall. Es gibt sie in allen Dörfern, allen Städten, allen Ländern, unter Reichen und unter Armen. Angststörungen zählen zu den am weitesten verbreiteten psychischen Leiden. Bis zu einem Drittel der Bevölkerung ist irgendwann im Leben davon betroffen[1] – viele Millionen von Menschen. Um sich klarzumachen, was das bedeutet, stellen Sie sich einmal vor, alle Betroffenen würden an einem bestimmten Tag einen roten Hut aufsetzen. Es wäre so gut wie unmöglich, an diesem Tag niemandem mit einem roten Hut auf dem Kopf zu begegnen.

Es führt kein Weg an der simplen Tatsache vorbei, dass Angst ein Teil des Lebens ist – mit Betonung auf *ein Teil*: Angst ist ein Teilchen im Puzzle des Lebens. Viele Menschen führen trotz erheblicher Ängste ein gutes Leben. Oft haben sie die gleichen Ängste und Befürchtungen wie Sie. Vielleicht fragen Sie sich jetzt: „Wie bekommen die das hin? Was ist ihr Geheimnis?" Im Grunde genommen tun diese Leute nichts Besonderes.

Einfach ausgedrückt verfügen sie über die Fähigkeit, Angst und andere unangenehme Gefühle und Gedanken dort zu lassen, wo sie hingehören – wo sie nur einen Teil des Lebens ausmachen. Etwas tiefergehend könnte man sagen, dass sie

---

1 Bandelow, B. & Michaelis, S. (2015). Epidemiology of Anxiety Disorders in the 21st Century. *Dialogues in Clinical Neuroscience, 17,* 327–335.

gelernt haben, sich aus dem ständigen Kampf gegen die Angst zu befreien. Sie haben einen inneren Frieden gefunden, der auch in schwierigen Situationen Bestand hat. Und sie lassen sich nicht von Ängsten, Befürchtungen, Sorgen, Panik, schmerzhaften Erinnerungen und dergleichen davon abhalten, Dinge zu tun, die ihnen am Herzen liegen.

Das Buch, das Sie in den Händen halten, wird Ihnen helfen, es diesen Menschen gleichzutun. Auch Sie können sich aus dem Würgegriff der Angst befreien. Dazu müssen Sie einige Dinge lernen, die Sie in die Lage versetzen, mehr von Ihrer Energie für Aspekte Ihres Lebens zu nutzen, die Ihnen wichtig sind. Mit Hilfe des hier vorgestellten, durch solide Forschung belegten innovativen Ansatzes werden Sie zu einem neuen Gleichgewicht finden, in dem Angst und Furcht einfach einen *Teil* eines gut gelebten Lebens darstellen.

Dazu müssen Sie zunächst einmal mit schonungsloser Ehrlichkeit Bilanz ziehen. Wahrscheinlich haben Sie schon alles Mögliche ausprobiert, um Ihre Ängste in den Griff zu bekommen, aber letztendlich hat nichts davon wirklich funktioniert. Sie kämpfen immer noch gegen Ihre Angst an, während es mit Ihrer Lebensqualität immer weiter bergab geht. Deswegen haben Sie zu diesem Buch gegriffen, stimmts?

Ihr Leben soll sich wieder groß und erfüllt anfühlen? Nun, dazu müssen Sie sich zunächst einmal mit Ihrer inneren Einstellung befassen. Solange Sie Angst als Problem betrachten, ist Ihre Beziehung zu ihr ablehnend und unfreundlich. Diese Spannung nährt und stärkt die Angst. Und wenn die Angst dann größer wird, kämpfen Sie noch mehr gegen sie an – ein wahrer Teufelskreis.

In diesem Buch werden wir Sie an keiner Stelle dazu animieren, diesen Teufelskreis weiter anzuheizen. Sie werden keine Strategien finden, die darauf abzielen, Ängste zu bekämpfen oder loszuwerden. Wir vermitteln Ihnen keine Techniken, die letztendlich unwirksam sind. Stattdessen werden wir Sie dabei unterstützen, ganz neue Wege einzuschlagen und damit den Teufelskreis zu durchbrechen.

Das Wichtigste dabei ist zu lernen, Ihren angstvollen Gedanken und Gefühlen mit Akzeptanz, Freundlichkeit und Mitgefühl zu begegnen. Dies mag Ihnen im Moment noch unerreichbar erscheinen. Wie Sie aber im Laufe Ihrer Arbeit mit dem Buch noch herausfinden werden, ist es gerade der Widerstand gegen das, was wir nicht fühlen wollen, der die Angst befeuert.

Innerer Frieden wird möglich, wenn wir diesen Widerstand aufgeben. Wenn Sie dahinkommen, den schmerzhaften Aspekten Ihres Gefühlslebens mit Mitgefühl und Akzeptanz zu begegnen, wird das die Macht der Angst schwächen, die Sie blockiert und leiden lässt. Und noch etwas anderes wird dadurch möglich, etwas, das größer und viel wichtiger ist als die Angst selbst. Es entsteht ein Raum, in dem Sie herausfinden – oder vielleicht wiederentdecken – können, worum es für Sie in diesem Leben gehen soll und welche Richtung Sie einschlagen wollen. Wenn dieser Raum größer wird, lernen Sie, Ihre Energie wieder auf die Menschen und Dinge auszurichten, die Ihnen am meisten bedeuten. Und so merkwürdig das für Sie noch klingen mag: Sie werden lernen, sich voll und ganz auf das Leben einzulassen. Je mehr Sie das tun, umso eher können Sie erwarten, sich auch wieder besser zu fühlen.

Ein hilfreicher buddhistischer Spruch besagt, dass auch eine Reise von 1000 Meilen mit einem Schritt beginnt. Sich dieses Buch besorgt zu haben ist ein erster Schritt in eine neue Richtung. Und die Arbeit mit dem Buch – allein schon bis zu diesem Punkt – ist ein weiterer Schritt auf Ihrem Weg der Befreiung aus dem Würgegriff der Angst hinein in ein neues Leben.

Auf dieser Reise werden Ihnen einige herausfordernde Situationen begegnen. Aber Sie werden auch dazulernen, werden Fortschritte machen und möglicherweise einen völlig neuen Blick auf das Leben gewinnen. Mehr in Einklang mit Ihren Wertvorstellungen zu leben, anstatt vor der Angst wegzulaufen – das ist es, wo wir Sie hinführen möchten, Schritt für Schritt. Wichtig ist, dass Sie einen Fuß vor den anderen setzen, selbst wenn es kleine Schritte sind. Schließlich kommt man auch mit winzigen Schritten einen hohen Berg hinauf.

Wir laden Sie dazu ein, dieses Buch zu Ihrem Reiseführer zu machen. Es ist unterteilt in drei Abschnitte – Wahrnehmen, Zulassen und Tun –, in denen jeweils eine Reihe von „Skills“ (Fähigkeiten) und Strategien vorgestellt werden, mit deren Hilfe Sie Ihre Beziehung zu Ihren Ängsten und Ihrem Leben insgesamt verändern können. Sie werden lernen, einen Schritt zurückzutreten und *wahrzunehmen*, was Sie fühlen, es ohne Widerstand *zuzulassen* und schließlich mehr das zu *tun*, was Ihnen am Herzen liegt, auch wenn sich Ängste einstellen.

Durch die Arbeit mit diesem Buch werden Sie den Raum schaffen, den Sie brauchen, um Ihren Weg mit der Angst zu gehen, anstatt gegen sie anzukämpfen. Es ist an der Zeit zu beginnen, das Leben zu führen, das Sie eigentlich leben wollen ... Legen wir los!

Teil 1
Wahrnehmen

Mythen um das Thema Angst

Wahrscheinlich wissen Sie bereits einiges über Ängste und Angststörungen – sei es aus eigener Erfahrung oder aus Artikeln und Büchern, aus dem Internet oder aus Gesprächen mit Angehörigen, Freunden oder Ihrer Ärztin bzw. Ihrem Arzt. Sie mögen gehört haben, dass es sich bei Angststörungen um eine Krankheit handelt, ähnlich wie Diabetes oder Krebs, oder dass sie erblich bedingt sein können. Vielleicht hat man Ihnen auch gesagt, dass Angststörungen mit pflanzlichen Medikamenten oder einer Ernährungsumstellung zu behandeln sind. Aus anderer Quelle hieß es möglicherweise, dass Angststörungen durch ein neurochemisches Ungleichgewicht im Gehirn verursacht werden und Sie deshalb Medikamente benötigen, um Ihren Hirnstoffwechsel in Ordnung zu bringen. Oder vielleicht haben Sie gehört, dass Sie Ihre Ängste dadurch loswerden können, dass Sie lernen, Ihre Gedanken und Gefühle unter Kontrolle zu bekommen.

Die Botschaft hinter vielen dieser Aussagen ist stets die gleiche: Es ist unnormal, intensive Furcht und Angst zu erleben. Wer unter Ängsten leidet, mit dem ist etwas nicht in Ordnung. Er ist krank, schwach, kaputt oder kurz davor, verrückt zu werden. Nichts davon stimmt auch nur im Entferntesten.

Selbst manche Fachleute auf dem Gebiet der seelischen Gesundheit teilen einige dieser Auffassungen zum Thema Angst. Dabei sind diese samt und sonders falsch. Es handelt sich um Mythen oder bestenfalls um Halbwahrheiten – irrige Vorstellungen, die mit daran schuld sind, dass Sie in alten Mustern stecken bleiben. Sie lähmen, verunsichern und ziehen einen ewigen Kampf nach sich. Sie nähren die irrige Überzeugung, dass alle anderen um Sie herum glücklich und sorglos durchs Leben gleiten. Das ist nicht wahr. Schauen wir uns einmal die Mythen an – und konfrontieren sie mit der Realität.

Mythos 1: Angst ist erblich bedingt und ich kann nichts dagegen tun

Nehmen Sie sich einen Moment Zeit und atmen Sie dreimal tief ein und aus. Überlegen Sie dann einmal, was Sie alles über Angst wissen.

Ich weiß, …

dass Angst sich anfühlt wie ______________________________

____

dass Angst aussieht wie ______________________________

____

was Angst sein kann, nämlich ______________________________

____

was Angst nicht sein kann, nämlich ______________________________

____

was Angst ist, nämlich ______________________________

____

Denken Sie einen Moment darüber nach, was Sie soeben geschrieben haben. Inwiefern entspricht Ihr unmittelbares Erleben der Angst dem, was Sie über die Angst *wissen*?

Angstprobleme sind nicht angeboren oder erblich bedingt; sie sind kein Schicksal. Dein Gehirn und dein Körper verändern sich unaufhörlich in Abhängigkeit von deinem Verhalten. Es gibt immer die Möglichkeit zu wachsen und der Mensch zu werden, der du in diesem Leben sein willst.

Inwiefern unterscheidet es sich davon?

Mythos 2: Meine Ängste machen mich kaputt

Einer der Hauptgründe, aus denen Menschen wegen Ängsten Hilfe in Anspruch nehmen, besteht darin, dass sie unter ihnen leiden. Kommt Ihnen das bekannt vor? Nutzen Sie den freien Platz auf dieser Seite, um einmal in Worte zu fassen, welche Gefühle die Angst bei Ihnen auslöst. Fühlen Sie sich überwältigt? Gibt es schmerzhafte Erinnerungen, die nur schwer auszuhalten sind? Haben Sie Gedanken und Sorgen, von denen Sie sich gelähmt fühlen? Oder von denen Sie denken, dass Sie sie nie wieder loswerden? Beschreiben Sie so genau wie möglich, was die Angst bei Ihnen auslöst.

Haben Sie manchmal das Gefühl, Ihre Angst ist unnormal oder dass Sie ihretwegen grundsätzlich anders sind als andere?

Markieren Sie JA NEIN

Betrachten Sie die Angst als Ihren Feind?

Markieren Sie JA NEIN

Mythos 3: Angst ist ein Zeichen von Schwäche

Möglicherweise fällt es Ihnen schwer einzusehen, dass auch andere Menschen an Ängsten leiden. Gehen Sie einmal in Gedanken ein paar Menschen durch, die Sie kennen und die in ihrem Leben ziemlich gut zurechtzukommen scheinen. Sie bekommen viel geregelt und tun alle möglichen Dinge, die Sie auch gern täten. Sie machen im Allgemeinen einen glücklichen und zufriedenen Eindruck, wenn Sie ihnen begegnen. Sie scheinen alle Schwierigkeiten des Lebens mit Leichtigkeit zu meistern, sie sind stark.

> Angst kann sehr intensiv sein, aber das muss sie nicht zu einem Problem machen. Viele Menschen erleben intensive Angst in ihrem Alltag und tun dennoch die Dinge, die ihnen wichtig sind. Vergiss nicht: Die Angst ist einfach ein Teil von dir und deiner Lebendigkeit.

Versuchen Sie nun einmal, die Welt durch die Augen dieser starken Menschen zu betrachten, von ihrer Geburt bis zu dem Punkt, an dem sie jetzt stehen. Stellen Sie sich vor, was sie wohl alles erlebt haben – nicht nur das Perfekte, das nach außen hin sichtbar ist. Schreiben Sie auf, womit sie womöglich hinter der makellosen Fassade zu kämpfen gehabt haben.

Angst zu haben ist kein Zeichen eines Charakterfehlers, einer problematischen Persönlichkeit, von Schwäche, Faulheit oder fehlendem Willen. Jeder Mensch kann durch emotionale oder psychische Belastungen aus dem Tritt kommen oder in eine Krise geraten. Alle Menschen haben irgendwann mit Hindernissen, Problemen und schmerzhaften Situationen zu kämpfen. Diese sind ein unausweichlicher Teil der menschlichen Existenz.

Mythos 4: Wenn ich meine Angst loswerde, habe ich ein besseres Leben

Bestimmt stellen Sie sich manchmal vor, wie Ihr Leben aussehen könnte, wenn es irgendeine Möglichkeit gäbe, Ihre Angst loszuwerden. Nutzen Sie einmal diese Energie für ein Brainstorming, bei dem Sie überlegen, was für ein Leben Sie führen könnten, wenn Sie einer von den „perfekten“ Leuten wären, die Sie bewundern. Legen Sie los und schreiben alles auf, was Ihnen einfällt. Lassen Sie Ihrer Fantasie freien Lauf, Träumen ist erlaubt.

Lesen Sie nun das Geschriebene noch einmal durch. Fällt Ihnen irgendetwas auf? Kann es sein, dass Ihre Vorstellung davon, wie Ihr Leben ohne Angst aussähe, auf einer bestimmten, weit verbreiteten Überzeugung beruht, die sich folgendermaßen zusammenfassen lässt:

> Um besser zu leben, muss ich zuerst besser denken und mich besser fühlen. Und sobald ich bessere Gedanken und bessere Gefühle habe, wird sich auch mein Leben zum Besseren wenden.

Das ist eine Falle. Von allen Mythen zum Thema Angst ist dieser der schädlichste. Er beruht auf bestimmten sozialen Regeln und Erwartungen, dem, was wir die Fühl-dich-gut-Kultur nennen. Diesen Regeln zufolge stellt emotionaler oder physischer Schmerz eine Barriere dar, die es unmöglich macht, ein gutes Leben zu führen. Sie suggerieren Ihnen, dass das Erleben schmerzhafter Emotionen ein Problem darstellt, das es zu lösen gilt, bevor man glücklich werden kann. Diese Überzeugung zieht viele Menschen in einen ständigen Kampf gegen ihre Gedanken und Gefühle.

Der Köder, der Sie in die Falle lockt, besteht in dem emotionalen und seelischen Schmerz, der mit Angst, Panik, Sorgen, unerwünschten Gedanken oder Erinnerungen einhergeht. In Ihrer Vorstellung ist dieser Schmerz nicht einfach Schmerz, er ist *schlechter* Schmerz. Ihr Kopf bewertet ihn als unerträglich und betrachtet ihn als Hindernis, Dinge zu tun, die Ihnen wichtig sind. Wenn dann schmerzhafte Ängste auftreten, setzen Sie alles daran, sie loszuwerden und zu verhindern, dass sie wiederkommen. Aber genau das passiert immer wieder. Der Kampf findet kein Ende.

Mein persönlicher Mythos

Vielleicht haben Sie auch einen eigenen Mythos zum Thema Angst, der hier nicht aufgeführt wurde. Falls ja, worin besteht er?

Versuchen Sie nun, Ihren persönlichen Mythos zu entlarven. Was passiert, wenn Sie ihn mal mit etwas Abstand betrachten? Bröckelt da etwas? Fallen Ihnen irgendwelche Unstimmigkeiten auf? Was spricht gegen den Mythos? Schreiben Sie es auf.

____

____

____

____

____

____

____

____

____

____

Nehmen Sie sich nun einen Moment Zeit, um Ihre Überlegungen zu den Angstmythen noch einmal Revue passieren zu lassen. Welcher Mythos hat die stärkste Macht über Sie? Markieren Sie ihn.

- Angst ist erblich bedingt und ich werde sie niemals los.
- Meine Ängste machen mich kaputt.
- Angst ist ein Zeichen von Schwäche.
- Wenn ich meine Angst loswerde, habe ich ein besseres Leben.

Mein persönlicher Mythos: ______________________________

____

____

Gehen Sie nun noch einen Schritt weiter und fragen Sie sich: Ist es für irgendetwas gut, wenn ich an einem dieser Mythen festhalte? Oder schränkt es mich ein?

____

____

____

____

____

____

____

____

____

____

____

Angst wahrnehmen als das, was sie ist

Nun, wo Sie sich von einigen wenig hilfreichen Angstmythen befreit haben, kommt es darauf an, die Angst als das wahrzunehmen, was sie eigentlich ist, nämlich ein Bündel aus beunruhigenden Gedanken, körperlichen Empfindungen, Gefühlen und Handlungsimpulsen. Notieren Sie an den kommenden drei Tagen einmal alle Gedanken, Sorgen, Befürchtungen, Gefühle oder Erinnerungen, die Sie besonders beunruhigen. Schreiben Sie außerdem jeweils auf, welche Ereignisse oder Erfahrungen typischerweise mit ihnen einhergehen. Das Ziel dieser Übung ist, die verschiedenen Bestandteile Ihres Angsterlebens bewusst wahrzunehmen.

Datum: ______________________________

Tag 1

Was ich in mir wahrgenommen habe:

Mein Angstlevel lag bei:

10
9
8
7
6
5
4
3
2
1
0

Was damit einherging:

1.

2.

3.

4.

5.

Datum: ______________________

Tag 2

Was ich in mir wahrgenommen habe:

Mein Angstlevel lag bei:

10
9
8
7
6
5
4
3
2
1
0

Was damit einherging:

1.

2.

3.

4.

5.

Datum: ______________________________

Tag 3

Was ich in mir wahrgenommen habe:

Mein Angstlevel lag bei:

10
9
8
7
6
5
4
3
2
1
0

Was damit einherging:

1.

2.

3.

4.

5.

Sie haben nun ein paar Tage lang geübt, Ihre Angst einfach wahrzunehmen. Wie ist es gewesen? Was haben Sie dabei über Ihre Angst erfahren? Hat sich Ihr Angstlevel verändert? Falls ja, ist Ihnen in dem Zusammenhang irgendetwas aufgefallen, was neu war oder anders als sonst?

Welchen Angstmythen sind Sie auf den Leim gegangen? Was können Sie tun, um sich wieder von den Mythen zu lösen?

Im Folgenden geht es darum, einmal Bilanz zu ziehen. Was haben all die Versuche, die Angst loszuwerden, mit Ihnen und Ihrem Leben gemacht? Es ist an der Zeit, eine wichtige Entscheidung zu treffen: Wollen Sie so weitermachen wie bisher oder soll sich etwas ändern? Diese Entscheidung können nur Sie allein treffen – aber Sie können sie treffen.

Die Kosten des Kampfes gegen die Angst

Welche Auswirkungen hat der Kampf auf Ihre Beziehungen? Leiden Freundschaften darunter? Entfernen Sie sich von Familienmitgliedern? Gehen Angehörige Ihnen aus dem Weg oder Sie ihnen? Vielleicht ist auch schon eine Ehe oder Liebesbeziehung wegen Ängsten, Sorgen oder Befürchtungen zerbrochen oder Sie haben Gelegenheiten zum Knüpfen neuer Kontakte ungenutzt verstreichen lassen. Nehmen Sie sich Zeit und seien Sie beim Schreiben ehrlich zu sich.

Wie wirkt sich Ihre Art des Umgangs mit der Angst auf Ihre Berufstätigkeit aus? Haben Sie schon einmal eine Arbeitsstelle verloren aufgrund von Bemühungen, Ihre Ängste in Schach zu halten? Gibt es andere Konsequenzen – kommen Sie z. B. häufig zu spät, lehnen Sie bestimmte Aufgaben ab, vermeiden Sie Dienstreisen oder lassen Sie sich berufliche Veränderungsmöglichkeiten entgehen?

Beschäftigen Sie sich nun mit den Auswirkungen Ihres Umgangs mit Ihren Ängsten auf Ihre Gesundheit. Lesen Sie die folgenden Aussagen durch und markieren Sie, ob sie auf Sie zutreffen oder nicht.

Sind Sie oft krank?	JA	NEIN
Haben Sie Schwierigkeiten mit dem Ein- oder Durchschlafen?	JA	NEIN
Grübeln Sie manchmal oder steigern sich so in Ihre Angst hinein, dass es Ihnen richtig schlecht geht und Sie sich kaum noch beruhigen können?	JA	NEIN
Kommt es vor, dass Sie aufgrund von Ängsten Ihre Gesundheit vernachlässigen (z. B. nicht zum Arzt gehen, Untersuchungen ablehnen, Zahnbehandlungen vermeiden)?	JA	NEIN
Vermeiden Sie aufgrund von Ängsten Sport und Bewegung?	JA	NEIN
Lassen Sie sich von Ihren Ängsten daran hindern, sich gesund zu ernähren (indem Sie beispielsweise zu viel, zu wenig oder das Falsche essen)?	JA	NEIN
Greifen Sie zu Drogen oder Alkohol, um Ihre Ängste in den Griff zu bekommen?	JA	NEIN
Verbringen Sie viel Zeit in Arztpraxen oder Notaufnahmen?	JA	NEIN

Welche Auswirkungen haben Ihre Bemühungen, die Angst in Schach zu halten, auf Ihre Energie?

Sind Sie ständig mit Erinnerungen an schmerzhafte Momente aus der Vergangenheit beschäftigt oder verstricken Sie sich in düstere Zukunftsvisionen?	JA	NEIN
Verbringen Sie viel Zeit mit Kontrollen oder anderen sinnlosen Ritualen, um sich besser zu fühlen oder vermeintliche Katastrophen abzuwenden?	JA	NEIN
Erleben Sie Ihre vergeblichen Bemühungen, gegen Ihre Angst anzukämpfend, als frustrierend, entmutigend oder zermürbend?	JA	NEIN

Dir vor Augen zu führen, welchen Preis du für deinen Umgang mit der Angst zahlst, macht eins klar: Du tust dir damit keinen Gefallen. Solange du nicht bereit bist, dich dieser Realität zu stellen, wirst du so weitermachen wie bisher.

Was kostet es Sie auf der Gefühlsebene, ständig gegen Ihre Angst anzukämpfen? Macht es Sie traurig oder deprimiert, Angst zu haben? Möglicherweise sind Sie oft gereizt, kurz davor, in die Luft zu gehen. Vielleicht leiden Sie unter Reue oder Schuldgefühlen wegen Dingen, die Sie getan oder nicht getan haben. Womöglich haben Sie das Gefühl, das Leben rauscht an Ihnen vorbei ... Falls etwas davon zutrifft, beschreiben Sie Ihre Gefühle.

Wie viel Geld haben Sie schon dafür ausgegeben, Ihre Ängste unter Kontrolle zu bekommen? Überschlagen Sie einmal all Ihre Ausgaben für Psychotherapie, Medikamente, Arztbesuche, Selbsthilfebücher, CDs, DVDs und Workshops. Schauen Sie, ob Sie eine einigermaßen realistische Einschätzung der Gesamtsumme hinbekommen. Rechnen Sie auch Beträge hinzu, die Ihnen wegen Arbeitsunfähigkeit oder Arbeitslosigkeit, bezahlter und dann abgesagter Unternehmungen (wie z.B. Konzerte, Flugreisen, Restaurantbesuche) und Leistungseinbußen im Beruf entgangen sind.

In welchem Ausmaß wirkt sich Ihr Umgang mit der Angst einschränkend auf Ihre Fähigkeit aus, Dinge zu unternehmen, die Ihnen Spaß machen? Ergänzen Sie einmal den Satz: Ich lasse mich von der Angst daran hindern, ...

Diese Übung erscheint Ihnen womöglich anstrengend oder emotional belastend. Zu erkennen, was einem durch den Kampf gegen die Angst alles entgeht, ist eine Art Wahrnehmungsübung. Diese Wahrnehmung spielt eine große Rolle, wenn man sich aus der Umklammerung durch die Angst befreien will. Es bedarf einiger Zeit, um gut darin zu werden.

Halten Sie auf den folgenden Seiten einmal fest, was genau in den Situationen passiert, in denen sich die Angst meldet.

Tag 1

Datum: ______________________

Beschreiben Sie die Situation oder das Ereignis, das Sie in Angst, Panik oder Besorgnis versetzt hat.

____

____

____

____

____

Beschreiben Sie Ihre Angst, Ihre körperlichen Empfindungen, Gedanken oder Sorgen.

____

____

____

____

____

weiter

Auf welche Weise sind Sie gegen Ihre Angst angegangen?

Was haben Ihnen Ihre Versuche, die Angst zu bekämpfen, eingebracht? Markieren Sie.

Die Angst ist verschwunden. | Keine oder nur geringe Auswirkung | Die Angst ist stärker geworden

Hatten diese Bewältigungsstrategien irgendwelche Nachteile? Haben Sie es sich damit selbst schwer gemacht, Dinge zu tun, die Ihnen Freude bereiten oder die Sie tun wollen?

Tag 2

Datum: ____________________

Beschreiben Sie die Situation oder das Ereignis, das Sie in Angst, Panik oder Besorgnis versetzt hat.

Beschreiben Sie Ihre Angst, Ihre körperlichen Empfindungen, Gedanken oder Sorgen.

weiter

Auf welche Weise sind Sie gegen Ihre Angst angegangen?

Was haben Ihnen Ihre Versuche, die Angst zu bekämpfen, eingebracht? Markieren Sie.

Die Angst ist verschwunden. | Keine oder nur geringe Auswirkung | Die Angst ist stärker geworden

Hatten diese Bewältigungsstrategien irgendwelche Nachteile? Haben Sie es sich damit selbst schwer gemacht, Dinge zu tun, die Ihnen Freude bereiten oder die Sie tun wollen?

Tag 3

Datum: ____________________

Beschreiben Sie die Situation oder das Ereignis, das Sie in Angst, Panik oder Besorgnis versetzt hat.

____

____

____

____

____

Beschreiben Sie Ihre Angst, Ihre körperlichen Empfindungen, Gedanken oder Sorgen.

____

____

____

____

____

weiter

Auf welche Weise sind Sie gegen Ihre Angst angegangen?

Was haben Ihnen Ihre Versuche, die Angst zu bekämpfen, eingebracht? Markieren Sie.

Die Angst ist verschwunden. | Keine oder nur geringe Auswirkung | Die Angst ist stärker geworden

Hatten diese Bewältigungsstrategien irgendwelche Nachteile? Haben Sie es sich damit selbst schwer gemacht, Dinge zu tun, die Ihnen Freude bereiten oder die Sie tun wollen?

Nachdem Sie nun einige Tage lang Ihre Erfahrungen im Umgang mit der Angst näher unter die Lupe genommen haben, versuchen Sie nun einmal, Ihre Erfahrungen zusammenzufassen. Woraus besteht Ihr Kampf gegen die Angst? Und was bringt er Ihnen ein? Nehmen Sie sich einen Moment Zeit, um Bilanz zu ziehen.

Für alles, was du tust, um Angst zu vermeiden oder zu bekämpfen, zahlst du einen Preis. Vermeidung engt deinen Spielraum ein und der Kampf macht die Angst nur noch größer. Der Weg aus der Falle liegt in der Entscheidung, den Versuch aufzugeben, die Angst loszuwerden.

In Kontakt mit mir selbst

Nehmen Sie sich nun einen Moment Zeit, um Kontakt mit Ihrem Inneren aufzunehmen. Atmen Sie ein paar Mal sanft ein ... und aus ... ein ... und aus. Achten Sie darauf, wie es sich anhört und anfühlt, wenn Sie ein- und ausatmen.

Richten Sie nun Ihre Aufmerksamkeit darauf, einfach da zu sein, wo Sie gerade sind. Einfach zu sein. Es gibt nichts zu tun als diesen Moment zu erleben und in dem Bewusstsein Ihres Atems zu ruhen, wie er fließt, ein ... und aus.

Wenn Sie so weit sind, dehnen Sie Ihr Bewusstsein noch ein Stück weiter aus und gehen damit in Berührung, worum es Ihnen bei der Arbeit mit diesem Buch geht. Machen Sie sich klar, was Sie damit für Ihr Leben tun. So wie Sie arbeiten gerade auch viele andere Menschen daran, weiterzukommen und ihr Leben zu verbessern. Und das, was Sie in diesem Moment tun, ist ein Akt des Mutes, der Integrität und der Selbstliebe, ein Akt, der Sie mit vielen anderen Menschen in den unterschiedlichsten Lebensumständen verbindet, denen diese Dinge genauso wichtig sind wie Ihnen.

Registrieren Sie auch mögliche Zweifel, Vorbehalte, Befürchtungen und Sorgen. Sie müssen sie nicht loswerden oder irgendetwas mit ihnen machen. Stellen Sie sich vor, dass Sie mit jedem Atemzug mehr Raum für diese Gedanken und Gefühle schaffen – und mehr Raum für sich, um Sie selbst zu sein, genau da, wo Sie gerade sind, in Frieden mit dem, was ist.

Fragen Sie sich nun freundlich: *Bin ich bereit herauszufinden, wie ich anders mit meiner Angst umgehen kann? Wie ich sie einfach als Teil von mir betrachten und zulassen kann, anstatt weiterhin vergeblich gegen sie anzukämpfen? Ist das, was ich in diesem Leben tun oder sein möchte, für mich wichtig genug, um dazu bereit zu sein?*

Wenn Sie dann so weit sind, dehnen Sie Ihre Aufmerksamkeit auf die Geräusche um Sie herum aus und öffnen langsam die Augen wieder.

Im Hier und Jetzt

Ihre Gedanken, Gefühle, Empfindungen und Erinnerungen sind alle Teil Ihres inneren Erlebens. Ihr Verstand mit seinen Urteilen und Bewertungen kann alles, was normalerweise flüssig und flexibel ist – wie Ihr inneres Erleben – in etwas Hartes und Schweres verwandeln, das Sie schikaniert und Ihr Leben kaputtmacht. Achtsames Zulassen ist eine Haltung, die Ihnen helfen kann, aus dieser Spirale auszubrechen.

Wenn Sie eine Haltung des achtsamen Zulassens einnehmen, beobachten Sie Ihr inneres Erleben, ohne es zu bewerten, spüren Sie den Schmerz, ohne in ihm zu versinken, und halten Sie Ihre Verletzungen in Ehren, ohne eins mit ihnen zu werden. Es handelt sich dabei nicht um ein Gefühl oder eine Einstellung, sondern um eine Wahl: die Wahl, sich zu öffnen und all das anzunehmen, was sowieso geschieht.

Mit dieser Art des Zulassens beschreiten Sie aktiv neue Wege – und tun oft genau das Gegenteil von dem, was Sie bislang getan haben. An die Stelle von Kampf und Vermeidung setzen Sie Offenheit und Akzeptanz. Da, wo Sie sonst weggelaufen sind, entscheiden Sie sich nun dafür zu bleiben.

> Werde weich, wenn etwas in dir hart werden will. Dehne dich aus, wenn du dich am liebsten zusammenziehen würdest. Lasse dich ein, wenn du den Impuls spürst, dich abzuwenden. Stärke dich darin, dir selbst und anderen mit Sanftheit, Freundlichkeit und Mitgefühl zu begegnen.

Die Wahrnehmung schärfen

Hier noch eine Übung, mit der Sie Ihre Wahrnehmung schärfen können. Schließen Sie die Augen und stellen sich eine nach einem leichten Regen frisch geschnittene langstielige Rose vor.

Achten Sie auf alle Details Ihrer Vorstellung: die Formen, die Oberflächen, den Duft, die Farben.

Betrachten Sie dieses innere Bild weiter: Licht und Schatten, die Tautröpfchen, den Stiel. Nehmen Sie die Rose in all ihren Einzelheiten wahr. Versuchen Sie nun, diese Erfahrung detailliert in Worte zu fassen.

Halten Sie nun einmal kurz inne. Hat Ihr Verstand bei dieser Übung irgendwelche Urteile oder Bewertungen der Rose hervorgebracht? Falls ja, wie lauteten diese?

____

____

____

____

____

____

____

____

Vielleicht haben Sie gedacht: „Wie schön sie ist“ oder „Sie duftet wunderbar“. Möglicherweise sind Ihnen auch negative Dinge durch den Kopf gegangen wie „Das ist eine hässliche Rose“ oder „Die Übung nervt“ oder „Was für eine blöde Rose“.

Machen Sie sich bewusst, dass die Bewertungen die Rose kein bisschen verändern. Was auch immer Ihr Verstand über sie zu sagen hat – die Rose ist und bleibt eine Rose. Machen Sie sich auch klar, dass all die Bewertungen der Rose nicht die Rose *sind*. An der Rose ändert sich nichts, nur weil Ihr Verstand diesen oder jenen Gedanken über sie hervorbringt.

Achtsames Zulassen ist eine wirksame Möglichkeit, um zu registrieren, wenn Sie sich in Bewertungen verstricken, anstatt der reinen Erfahrung selbst gegenüber präsent zu sein. So lernen Sie, sich zu öffnen für das Leben selbst, so wie es ist.

Wenn Sie möchten, dürfen Sie gerne diesen Platz nutzen, um Ihre Rose zu zeichnen.

Begegnest du deinem strengen Verstand mit Sanftmut, schwächst du seine Macht. Ängste, Verletzungen, Befürchtungen, Scham, Ärger und Reue – all das kann dir nicht mehr so viel anhaben. So kannst du dein Leben leben, ohne an der Angst zu zerbrechen.

Meditation: Achtsames Zulassen

Bei dieser Meditation geht es darum, das achtsame Zulassen auf Ihr Erleben von Angst anzuwenden.

- **Stellen Sie einen Timer auf 10 Minuten ein.**
- **Schauen Sie, dass Sie eine bequeme Haltung auf Ihrem Stuhl einnehmen.**
- **Lassen Sie die Augen langsam zufallen.**
- **Konzentrieren Sie sich zunächst eine Zeit lang auf Ihren Atem.** Richten Sie Ihre Aufmerksamkeit sanft auf das leichte Heben und Senken von Brust und Bauch – ein Atemzug folgt auf den anderen, wie die Wellen des Meeres, die unaufhörlich an den Strand rollen.
- **Versuchen Sie nicht, den Atem zu steuern.** Überlassen Sie ihn einfach sich selbst. Nehmen Sie, so gut es geht, eine Haltung großzügigen Zulassens und sanfter Akzeptanz gegenüber allem ein, was Sie gerade erleben.
- **Während Sie weiter atmen, wird Ihr Verstand immer wieder abschweifen** und bei irgendwelchen Problemen, Gedanken, Sorgen, Bildern, Plänen oder Phantasien landen oder einfach so dahintreiben. Das ist nicht Besonderes, so arbeitet unser Verstand die meiste Zeit. Wenn Sie merken, dass Ihr Verstand abgeschweift ist, nehmen Sie es schlicht zur Kenntnis.
- **Kehren Sie dann sanft und freundlich zu Ihrem Atem zurück.** Wenn Sie irgendwelche Gefühle bemerken wie Ärger, Angst oder Traurigkeit, registrieren Sie sie einfach, erkennen ihre Anwesenheit an und schauen, ob Sie ihnen Raum geben können.
- **Benennen Sie sie, wenn Sie mögen.**
- **Kehren Sie dann erneut zu Ihrem Atem zurück, mit Sanftmut und Freundlichkeit.**
- **Möglicherweise bemerken Sie körperliche Empfindungen. Auch diese nehmen Sie einfach zur Kenntnis – und kehren zu Ihrem Atem zurück.**

- **Vielleicht stellen Sie fest, dass Ihr Verstand Bewertungen wie „gefährlich" oder „immer schlimmer" oder „langweilig" hervorbringt.** Auch diese registrieren Sie gleichmütig und kehren dann zu Ihrem Atem zurück.
- **Möglicherweise bemerken Sie auch Gedanken *über* Ihre Gefühle, Gedanken und Empfindungen.** In dem Fall nehmen Sie auch diese Gedanken schlicht zur Kenntnis als das, was sie sind – Gedanken – und kehren zurück zum Atem und zum gegenwärtigen Moment, so wie er ist.
- **Machen Sie sich klar, dass Sie durch Übung nach und nach besser darin werden, all das, was Sie ausmacht, so wie es ist, wahrzunehmen und zuzulassen.**
- **Wenn Sie dann so weit sind, weiten Sie Ihre Aufmerksamkeit allmählich auf die Geräusche in Ihrer Umgebung aus ... und öffnen langsam die Augen.**

Angst zuzulassen erscheint widersinnig, kontraintuitiv. Und doch:
Wenn du lernst, deine Angst zu akzeptieren, anstatt gegen sie anzukämpfen,
wirst du dich wieder den Dingen widmen können, die dir wirklich am Herzen liegen.

Kontrolle ist das eigentliche Problem

Machen wir weiter mit einer anderen Übung: Verschaffen Sie sich Glücksgefühle. Legen Sie los! Machen Sie sich so glücklich, wie es nur geht. Geben Sie sich wirklich Mühe. Dann schreiben Sie auf, wie es Ihnen ergangen ist.

Waren Sie erfolgreich?	JA	NEIN
Mussten Sie sich dazu an einen glücklichen Moment erinnern oder sich etwas Schönes vorstellen?	JA	NEIN

Wenn es nötig war, eine Erinnerung an ein positives Ereignis aus der Vergangenheit heraufzubeschwören, sich eine schöne Situation vorzustellen oder an etwas zu denken, auf das Sie sich freuen, dann brauchten Sie etwas, auf das Sie reagieren konnten, um Glücksgefühle zu erzeugen. Sie konnten nicht einfach einen Schalter umlegen und sich gut fühlen, vielmehr war Ihr Gefühl eine Reaktion auf etwas.

Versuchen Sie nun einmal, richtig ängstlich zu werden. Denken Sie dazu nicht an etwas Bedrohliches oder Belastendes. Versuchen Sie einfach so, den Angstschalter umzulegen. Strengen Sie sich an! Klappt es? Schreiben Sie auf, was Sie dabei für eine Erfahrung machen.

Wenn Sie immer noch denken, dass es möglich sein müsste, Gefühle zu kontrollieren, dann versuchen Sie doch einmal Folgendes:

- Verlieben Sie sich intensiv in die nächste unbekannte Person, die Ihnen begegnet.
- Lassen Sie Ihr linkes Bein gefühllos werden, so gefühllos, dass Sie nichts spüren würden, wenn dort jemand mit einer spitzen Nadel hineinstechen würde.

Unmöglich, stimmts? Die einfache Lehre, die wir daraus ziehen können, lautet: Wir haben keine Kontrolle über unser inneres Erleben. Weder Glücks- und andere angenehme Gefühle noch unerwünschte und schmerzhafte Aspekte unseres inneren Erlebens können wir nach Belieben ein- oder ausschalten. Zu versuchen, etwas unter Kontrolle zu bekommen, was wir nicht unter Kontrolle bekommen können, ist keine Lösung. Es ist das *Problem.*

Aus diesem Grund ist es wichtig, damit aufzuhören, die Angst in Schach halten zu wollen, und sich stattdessen darauf zu konzentrieren, ein gutes Leben zu führen – gelassen, offen, tatkräftig und kompetent. Lebensmanagement statt Angstmanagement!

Es mag sich nicht immer so anfühlen, aber es liegt an dir zu entscheiden, was für eine Beziehung du zu deinen Gefühlen haben willst.

Die Beziehung mit der Angst neu gestalten

Stellen Sie sich einmal vor, Ihre Angst wäre eine Person. Geben Sie ihr einen Namen. Stellen Sie sich vor, wie sie aussieht, sich anzieht, ihre Stimme, Persönlichkeit, Alter, Geschlecht und wie sie mit Ihnen redet.

Name: ______________________________

Sobald Sie eine klare Vorstellung von dieser Person haben, stellen Sie sich vor, sie stünde eines Tages unerwartet vor Ihrer Tür. Was sagt sie Ihnen? Wie würden Sie antworten?

Gibt die Figur Ihnen nützliche Ratschläge für Ihr Leben? JA NEIN

Vielleicht sind Sie hin- und hergerissen. Ein Teil von Ihnen würde möglicherweise der Angst am liebsten die Tür ins Gesicht schlagen. Aber würden Sie so mit einem Mitmenschen umgehen, zu dem Sie eine einigermaßen normale Beziehung haben? Was könnten Sie stattdessen tun? Vielleicht ist es an der Zeit, eine offenere und freundlichere Beziehung zu Ihrer Angst zu entwickeln. Was natürlich nicht heißt, dass Sie stets auf sie hören und ihre Ratschläge in die Tat umsetzen sollten.

Auch ein Impuls, etwas Bestimmtes zu tun, ist ein Gefühl. Allerdings muss darauf keine Handlung folgen. Es gibt einen kurzen zeitlichen Abstand – selbst wenn es sich nur um den Bruchteil einer Sekunde handelt – zwischen einem Impuls und einer Handlung. Ein kurzer Moment zum Innehalten. Und zum Entscheiden, wie Sie reagieren wollen.

Wenn die Angst kommt,
nimm ihre Anwesenheit zur Kenntnis,
erlaube ihr, da zu sein,
und schaffe Raum für etwas Neues.

Um weitere Erfahrungen mit dieser Art des Umgangs zu sammeln, machen Sie sich ein paar Tage lang bewusst, was passiert, wenn die Angst an Ihrer Tür klingelt. Halten Sie schriftlich fest, was Sie dabei erleben.

Tag 1

Datum: ______________________________

Was geschah in meinem Inneren (meine Gedanken, Gefühle, körperlichen Empfindungen)?

____

____

____

____

____

____

Was habe ich impulsiv versucht, um meine Angst unter Kontrolle zu bekommen?

____

____

____

____

weiter →

Welche Konsequenzen hatte meine Reaktion? Welche Nachteile hatte ich dadurch, was habe ich verpasst?

Wie würde ich den Umgangston beschreiben, der in dem Moment zwischen mir und der Angst herrschte (z.B. kalt, lieblos, unfreundlich, liebevoll, freundlich, herzlich, unterstützend, warm, mitfühlend)?

weiter

Überlegen Sie sich nun einige positive Handlungsalternativen und schreiben Sie sie auf. Was hätte ich in der Situation anders machen können?

Welche Folgen hätten sich aus diesem anderen Umgang ergeben? Was hätte ich dadurch gewonnen?

weiter

Wie wäre der Ton im Umgang mit meiner Angst gewesen, hätte ich positivere Handlungsweisen gewählt (z. B. liebevoll, freundlich, herzlich, unterstützend, warm, mittfühlend)?

Tag 2

Datum: ______________________

Was geschah in meinem Inneren (meine Gedanken, Gefühle, körperlichen Empfindungen)?

Was habe ich impulsiv versucht, um meine Angst unter Kontrolle zu bekommen?

weiter

Welche Konsequenzen hatte meine Reaktion? Welche Nachteile hatte ich dadurch, was habe ich verpasst?

Wie würde ich den Umgangston beschreiben, der in dem Moment zwischen mir und der Angst herrschte (z.B. kalt, lieblos, unfreundlich, liebevoll, freundlich, herzlich, unterstützend, warm, mitfühlend)?

weiter

Überlegen Sie sich nun einige positive Handlungsalternativen und schreiben Sie sie auf. Was hätte ich in der Situation anders machen können?

Welche Folgen hätten sich aus diesem anderen Umgang ergeben? Was hätte ich dadurch gewonnen?

weiter

Wie wäre der Ton im Umgang mit meiner Angst gewesen, hätte ich positivere Handlungsweisen gewählt (z.B. liebevoll, freundlich, herzlich, unterstützend, warm, mittfühlend)?

Tag 3

Datum: ______________________________

Was geschah in meinem Inneren (meine Gedanken, Gefühle, körperlichen Empfindungen)?

____

____

____

____

____

____

Was habe ich impulsiv versucht, um meine Angst unter Kontrolle zu bekommen?

____

____

____

____

weiter →

Welche Konsequenzen hatte meine Reaktion? Welche Nachteile hatte ich dadurch, was habe ich verpasst?

Wie würde ich den Umgangston beschreiben, der in dem Moment zwischen mir und der Angst herrschte (z.B. kalt, lieblos, unfreundlich, liebevoll, freundlich, herzlich, unterstützend, warm, mitfühlend)?

weiter

Überlegen Sie sich nun einige positive Handlungsalternativen und schreiben Sie sie auf. Was hätte ich in der Situation anders machen können?

Welche Folgen hätten sich aus diesem anderen Umgang ergeben? Was hätte ich dadurch gewonnen?

weiter

Wie wäre der Ton im Umgang mit meiner Angst gewesen, hätte ich positivere Handlungsweisen gewählt (z. B. liebevoll, freundlich, herzlich, unterstützend, warm, mittfühlend)?

Wie stark Angstgefühle und Handlungsimpulse auch sein mögen, Sie haben auch in solchen Momenten Kontrolle und Wahlmöglichkeiten.

Verantwortung heißt in der Lage zu sein, eine Antwort zu geben. Verantwortlich bist du nicht für das Auftreten von Angst, das liegt außerhalb deiner Kontrolle. Aber dafür, wie du auf die Angst reagierst und welche Entscheidungen du triffst, wenn sie sich zeigt.

Ihre Wahl, Ihr Handeln, Ihr Lebensweg

Was ist Ihr Lebensweg? Was bestimmt, wie Ihr Leben verlaufen wird? Die Antwort ist einfach: Es ist die gesammelte Wirkung Ihrer Entscheidungen und Ihrer Handlungen.

Das bedeutet nicht, dass die Ergebnisse Ihrer Entscheidungen und Handlungen stets so ausfallen, wie Sie sich das wünschen. Viele Ereignisse im Leben, gute und schlechte, liegen außerhalb Ihrer Kontrolle. Und niemand weiß, was die Zukunft bringt. Worauf wir hoffen können, ist, dass die gesammelte Wirkung unserer Entscheidungen und Handlungen in dem Gefühl mündet, ein gutes Leben zu führen. Alles, was Sie von nun an tun, wird sich zu diesem Gefühl aufaddieren.

ENTSCHEIDUNGEN + HANDLUNGEN = LEBENSWEG.

Auf welchen Lebensweg hat *die Angst* Sie bislang geführt?

______

______

______

______

______

______

Wie würde Ihr Lebensweg aussehen, wenn es nach *Ihren Wünschen* ginge?

Sie werden sehen: Wenn Sie Ihren Gefühlen mit Offenheit begegnen, werden Ihre Entscheidungen und Ihre Handlungen Sie auf den Lebensweg führen, den Sie sich erhoffen.

Bereitschaft

Es ist nicht leicht, etwas zu tun, was man eigentlich nicht tun will. Trotzdem: Ohne die Bereitschaft, auch schwierige Gefühle mit auf den Weg zu nehmen und das Handeln in den Dienst unser Werte und Ziele zu stellen, kommen wir manchmal keinen Schritt weiter. Bereitschaft ist eine Wahl, kein Gefühl. Eine Wahl, die eines voraussetzt: Vertrauen – denn jeder Schritt nach vorn ist letztlich ein Schritt ins Ungewisse.

„Ich versuche es", sagen wir oft: Das nächste Mal, wenn ich Angst habe, versuche ich, Bereitschaft an den Tag zu legen und anders zu reagieren als sonst. Bereitschaft heißt aber nicht, zu *versuchen* etwas zu tun. Es heißt, es zu *tun*. Es zu tun, auch ohne zu wissen, was dabei herauskommt. Schließlich gibt es auch dann, wenn man zu 100 Prozent bereit ist, keine Garantie dafür, dass man bekommt, was man will.

Und das ist auch in Ordnung so. Manche Dinge im Leben erfordern Beharrlichkeit: Man muss sie immer wieder tun, um ans Ziel zu gelangen. Und dabei sollte man sich von Fehlschlägen genauso wenig ausbremsen lassen wie von der Angst.

Sind Sie also bereit, zu tun, was Sie tun wollen – und Ihre Angst mit auf den Weg zu nehmen? Vergessen Sie nicht: Bereitschaft ist weder ein Gefühl noch ein Gedanke. Bereitschaft ist eine Wahl, die Sie treffen, eine bewusste Offenheit dem gegenüber, was Sie in sich spüren. Bereitschaft macht Sie frei, selbst gewählte Richtungen einzuschlagen.

Auf der nächsten Seite steht ein Vertrag, den Sie unterzeichnen können, um sich selbst zu versprechen, sich auf die Dinge zuzubewegen, die Ihnen wichtig sind – und Ihre Angst mit auf den Weg zu nehmen.

Ich, ________________________, bin bereit,

meine Angst mit auf den Weg zu nehmen,

wenn ich mich in die Richtung bewege,

die ich in meinem Leben einschlagen will.

Datum: ____________________

Unterschrift: _________________________

Du bist viel mehr als deine Sorgen, Ängste und Befürchtungen.

Die Angst freundlich in den Händen halten

Sind Sie bereit für eine weitere Übung? Betrachten Sie einmal einen Moment lang Ihre Hände. Vielleicht liegt die eine gerade auf dem aufgeschlagenen Buch und die andere hält einen Stift. Machen Sie sich bewusst, was Sie schon alles mit diesen beiden Händen getan haben. Sie haben damit gearbeitet, geliebt, berührt und sich berühren lassen, Schmerz gelindert, Freundlichkeit zum Ausdruck gebracht und vieles mehr.

Überlegen Sie, was Sie schon alles Gutes mit Ihren Händen getan haben.

Legen Sie nun beide Hände so zusammen, dass sie eine Schale formen. Die Handflächen zeigen nach oben. Lassen Sie sie auf Ihrem Schoß ruhen. Betrachten Sie Ihre Hände, wie sie da liegen. Sie sind geöffnet und bereit, etwas zu halten.

Und dann schauen Sie, ob Sie – und sei es nur für einen kurzen Moment – einen winzig kleinen Teil Ihrer Ängste und Sorgen dort aufnehmen können. Stellen Sie sich vor, ein kleines Stück Ihrer Angst schwebte wie eine Feder herab und landete sachte in Ihren freundlichen, liebevollen Händen.

Dieser kleine Teil Ihrer Angst ruht nun in der Freundlichkeit Ihrer Hände. Wie fühlt es sich an, ein Stück Ihrer Angst und Ihrer selbst auf diese Weise zu halten? Spüren Sie einfach Ihren Atem und die Wärme und Freundlichkeit Ihrer Hände. Mehr gibt es hier nicht zu tun.

Ihr Beobachter-Ich

Wir haben es schon gesagt: Ihre Gedanken und Gefühle – und zwar *alle* Ihre Gedanken und Gefühle – sind ein Teil von Ihnen. Aber sie *sind* nicht Sie.

Das ist eine sehr wichtige Unterscheidung. Angst und Furcht sind Gefühle, die Sie immer wieder einmal erleben. Sie drängen sich, manchmal mit großer Wucht, in Ihr Bewusstsein, und nach einer Weile ziehen sie sich wieder daraus zurück. Der Mensch jedoch, der all das, was in Ihrem Leben passiert, erlebt und beobachtet, der bleibt: Sie selbst. Wie alle anderen Gedanken und Gefühle hat auch die Angst ihren Moment auf der Bühne und verschwindet dann wieder hinter den Kulissen. Das einzige Dauerhafte und Stabile sind Sie, sozusagen als Publikum, als Beobachter der Dinge, die in Ihrem Leben geschehen.

Als Sie geboren wurden, waren Sie bloß ein Augenpaar, das in die Welt hinausgeschaut hat – eine reine Perspektive ohne jede Erfahrung mit dieser Welt. Sie waren in mancher Hinsicht so etwas wie ein leeres Gefäß. Dann haben Sie rasch begonnen, Erfahrungen zu sammeln. Sie haben Dinge berührt, geschmeckt, gefühlt, haben begonnen zu sprechen und über Ihre Vergangenheit, über Ihre Zukunft und über sich selbst geredet. Ihr Gefäß war nicht mehr leer. Es begann sich zu füllen. Und es wird sich weiter füllen, solange Sie leben.

Momentan sind Sie möglicherweise sehr beschäftigt mit all dem, was sich da in Ihrem Inneren angesammelt hat. Vielleicht identifizieren Sie sich damit. Vielleicht versuchen Sie, einen Teil davon, den Sie nicht besonders mögen, wieder loszuwerden oder zu übertünchen. Oder Sie versuchen, Dinge anders anzuordnen, so dass Sie nicht so schwer daran zu tragen haben.

Wir hätten da eine Frage an Sie: Was ist die eine Konstante, die schon Ihr ganzes Leben lang da ist? Sind es die Erfahrungen, die Sie gesammelt haben? Oder ist es nicht vielmehr das Gefäß – Ihr reines, ursprüngliches Ich –, das das alles in sich hält?

Dieses Ich war schon in dem Moment da, als Sie auf die Welt kamen. Es war da, noch bevor Schmerz und Kummer in Ihr Leben traten, vor den schönen und den schrecklichen Momenten, vor dem Trauma. Und auch bevor Angst zu einem Problem wurde. Dieses Gefäß ist Ihr wahres Ich, das alles, was in Ihrem Leben geschieht, umfasst und beobachtet, Ihre sichere Zuflucht. Es ist immer da. Und es bleibt, was es ist, auch wenn sich alles andere in Ihrem Inneren und um Sie herum ständig verändert.

Mit etwas Übung können Sie lernen, dieses Ich deutlicher zu spüren und sich von ihm helfen und leiten zu lassen.

Ihr jahrelanger Kampf mit Ihrer Angst hat womöglich dazu geführt, dass Sie sich vor allem darauf konzentriert haben, was mit Ihnen nicht zu stimmen scheint. Dadurch haben Sie vielleicht aus dem Blick verloren, was Sie sonst noch ausmacht als Mensch. Überlegen Sie einmal, was es sonst noch Wichtiges über Sie und Ihr Leben zu sagen gibt, was nichts mit Ihrer Angst zu tun hat. Wie würden Sie sich beschreiben?

Ich bin ______________________________

____

Ich bin eine Person, die ______________________________

____

Ich bin niemand, der ______________________________

____

Begeistern kann ich mich für ______________________________

____

Nicht leiden kann ich ______________________________

____

Meine wichtigste Beziehung ist ______________________________

____

Außerdem würde ich mich noch folgendermaßen beschreiben: ______________

____

____

____

____

All diese Beschreibungen – auch die ausführlichsten – sind jedoch letzten Endes unvollständig und unangemessen. Ihr Verstand nutzt alles, was sich bislang in Ihrem Ich-Gefäß angesammelt hat, um Sie zu beschreiben und Geschichten über Sie und Ihr Leben zu erzählen. Irgendwo aber gibt es einen Punkt, an dem Worte nicht mehr ausreichen, um zu beschreiben, wer wir sind.

Genau darum geht es. Das Problem besteht nicht darin, dass wir nicht genug oder nicht die richtigen Worte hätten, um uns zu beschreiben. Das Problem besteht darin, dass wir mit Hilfe unserer Sprache niemals vollständig ausdrücken können, wer wir sind. Der Grund dafür ist, dass es einen Aspekt unseres Selbst gibt – den Kern unseres inneren Wesens – der über das hinausgeht, was wir in unserem Gefäß gesammelt haben.

Ehe Sie nun fortfahren, richten Sie einmal kurz Ihre Aufmerksamkeit auf den Atem und atmen sanft ein ... und aus .... und ein ... und aus.

Stellen Sie sich nun vor, Sie betrachten sich in einem Spiegel.

Beschreiben Sie, was Sie sehen: ______________________________

____

____

____

____

____

____

Die Augen, die Ihnen entgegensehen, sind genau dieselben Augen, die schon an Ihrem ersten Schultag da waren. Erinnern Sie sich noch an diesen Tag? Was haben Sie damals mit Ihren Augen gesehen? Und wie sah es in Ihrem Inneren aus? Kommen irgendwelche Gefühle hoch, die Sie an dem Tag hatten? Irgendwelche Gedanken?

____

____

____

____

____

____

Lassen Sie diese Erfahrungen aus der Vergangenheit aufsteigen und machen Sie sich gleichzeitig bewusst, dass es etwas in Ihnen gab, das das damals alles wahrgenommen hat. Ein Teil von Ihnen hat das alles beobachtet: die Empfindungen ... die Geräusche ... die Gedanken ... und die Gefühle. Diesen Teil nennen wir Ihr Beobachter-Ich. Es gibt da jemanden in Ihnen, hinter Ihren Augen, der alles registriert, was jetzt gerade geschieht. Und dieser Jemand ist der Mensch, der Sie bereits Ihr ganzes Leben lang sind. Was für eine Vorstellung haben Sie von diesem Beobachter-Ich?

Jetzt möchten wir, dass Sie sich einmal an den Tag erinnern, an dem Sie Ihre erste große Liebe kennengelernt haben. Wenn die Erinnerung daran zu blass ist, können Sie auch den Tag nehmen, an dem Sie jemanden kennengelernt haben, mit dem Sie in jüngerer Zeit eine Beziehung eingegangen sind. Erinnern Sie sich an alles, was damals passiert ist. Lasen Sie Bilder aufsteigen ... Geräusche ... Ihre Gefühle ... Ihre Gedanken ...

Machen Sie sich klar: Ihr jetziges Ich ist immer noch dasselbe Ich wie damals. Ja, Ihre Gefühle, Gedanken und Empfindungen sind ständig im Fluss. Aber unabhängig davon gibt es ein Ich hinter Ihren Augen, das unveränderlich ist und einfach alles beobachtet, was in Ihrem Leben passiert.

Schauen Sie, ob Sie diese Unterscheidung nutzen können, um ein klein wenig Abstand zu Ihren Sorgen, Ängsten und Befürchtungen zu gewinnen. Sicherheit finden Sie in dem Wissen, dass Sie die ganze Zeit immer Sie selbst waren und dass Ihr emotionales Wetter nicht das Maß aller Dinge in Ihrem Leben ist. Sie können der Himmel sein, in dem die Wolken auf- und vorüberziehen.

Der Himmel sein

Versuchen Sie einmal in den kommenden Tagen immer dann, wenn Angst auftaucht, *aus der Perspektive Ihres Beobachter-Ichs* mitzuverfolgen, was Ihr Verstand gerade tut. Schauen Sie, ob es Ihnen hilft herauszufinden, was Sie anders machen könnten, wenn Sie sich vorstellen, Sie wären der Himmel, nicht das Wetter, das Gefäß, nicht dessen Inhalt.

Tag 1

Datum: ______________________

Beschreiben Sie Ihren ängstlichen Moment.

____

____

____

Was fühle ich noch außer Angst, Panik, Furcht oder Anspannung?

____

____

____

Was sage ich zu mir selbst? Welche „guten" oder „schlechten" oder „richtigen" oder „falschen" Gedanken gehen mir gerade durch den Kopf? Sind es meine eigenen Gedanken, Geschichten, die sich mein Verstand ausgedacht hat, oder Vorstellungen, die ich von anderen übernommen habe (Eltern, Freunden, der Gesellschaft)?

____

____

____

Wozu drängt es mich gerade? Was würde ich am liebsten tun, um nicht fühlen zu müssen, was ich gerade fühle?

Wofür möchte ich in diesem Moment einstehen, was ist mir jetzt wichtig? Worum soll es in meinem Leben jetzt gerade gehen?

Tag 2

Datum: ______________________________

Beschreiben Sie Ihren ängstlichen Moment.

____

____

____

Was fühle ich noch außer Angst, Panik, Furcht oder Anspannung?

____

____

____

Was sage ich zu mir selbst? Welche „guten“ oder „schlechten“ oder „richtigen“ oder „falschen“ Gedanken gehen mir gerade durch den Kopf? Sind es meine eigenen Gedanken, Geschichten, die sich mein Verstand ausgedacht hat, oder Vorstellungen, die ich von anderen übernommen habe (Eltern, Freunden, der Gesellschaft)?

____

____

____

Wozu drängt es mich gerade? Was würde ich am liebsten tun, um nicht fühlen zu müssen, was ich gerade fühle?

Wofür möchte ich in diesem Moment einstehen, was ist mir jetzt wichtig? Worum soll es in meinem Leben jetzt gerade gehen?

Tag 3

Datum: ______________________

Beschreiben Sie Ihren ängstlichen Moment.

____

____

____

Was fühle ich noch außer Angst, Panik, Furcht oder Anspannung?

____

____

____

Was sage ich zu mir selbst? Welche „guten“ oder „schlechten“ oder „richtigen“ oder „falschen“ Gedanken gehen mir gerade durch den Kopf? Sind es meine eigenen Gedanken, Geschichten, die sich mein Verstand ausgedacht hat, oder Vorstellungen, die ich von anderen übernommen habe (Eltern, Freunden, der Gesellschaft)?

____

____

____

Wozu drängt es mich gerade? Was würde ich am liebsten tun, um nicht fühlen zu müssen, was ich gerade fühle?

Wofür möchte ich in diesem Moment einstehen, was ist mir jetzt wichtig? Worum soll es in meinem Leben jetzt gerade gehen?

Dein Verstand ist nicht immer dein bester Freund, dein wahres Selbst aber schon.

„Ich bin"

Zu einem guten Beobachter zu werden ist wichtig für jeden Menschen, der mit Ängsten zu kämpfen hat. Wieso? Nun, weil es dabei hilft, den Blickwinkel auf das eigene Erleben auf eine hilfreiche Weise zu verändern. Schreiben Sie einmal auf, was in Ihrem Inneren passiert, wenn Sie die folgenden vier Sätze lesen.

Ich bin ein ängstlicher Mensch.

Ich bin zu schüchtern.

Ich bin nicht gut genug.

Ich werde es niemals schaffen.

Ist Ihnen aufgefallen, wie Ihr Verstand fast schlagartig angefangen hat, sich mit diesen Aussagen zu beschäftigen? Vielleicht hat er zugestimmt oder sich dagegengestellt, hat sie umformuliert oder sie bewertet, sie lauter oder leiser werden lassen, nach Begründungen oder Rechtfertigungen gesucht etc.?

Überlegen Sie nun einmal, welche schwierigen Aussagen über sich selbst Ihr Verstand regelmäßig hervorbringt. Wie werden Sie von Ihrem eigenen Verstand bewertet? Was sind Sie seiner Meinung nach – und was sind Sie nicht?

Überlegen Sie jetzt einmal, wie es sich anfühlen würde, auf die Frage „Wer bin ich wirklich?“ mit einem einfachen, entwaffnenden „Ich bin“ zu antworten. Keine Bewertungen. Keine Argumente, Erklärungen, Rechtfertigungen oder sonst irgendetwas. Einfach ein schichte Aussage über die Tatsache Ihrer Existenz. Es ist die einfachste und leichteste Möglichkeit, all die bewertenden Sätze über sich selbst, die Ihr Verstand Ihnen unaufhörlich auftischt, loszulassen – ein für alle Mal, jederzeit. Ich bin. Ich bin, wer ich bin! Probieren Sie es aus.

Ich bin.

Teil 2
Zulassen

Nichts als Worte

Ihr Verstand kann Ihr bester Freund sein und Ihr ärgster Feind. Alles hängt davon ab, wie Sie ihn gebrauchen. Eigentlich steckt da nichts in Ihren Hirnwindungen, was Ihnen schaden könnte. Gedanken sind bloß Gedanken, flüchtig, ohne Form oder Substanz. Dasselbe gilt für die Bilder und Vorstellungen in Ihrem Kopf. Sie können sich sehr real anfühlen, aber wenn Sie sie näher betrachten, stellen Sie fest, dass eigentlich nicht viel dahintersteckt.

Betrachten wir einmal das Wort „Spinne". Welche Vorstellung entsteht vor Ihrem inneren Auge, wenn Sie an eine Spinne denken? Können Sie sie krabbeln sehen? Möglicherweise ruft allein schon der Gedanke an eine Spinne Gefühle wie Ekel oder Angst hervor, wenn Sie sich auch im realen Leben vor Spinnen fürchten. Schreiben Sie alles auf, was Ihnen in den Sinn kommt, wenn Sie das Wort „Spinne" sehen. Oder zeichnen Sie es, wenn Ihnen das lieber ist.

Nehmen Sie nun Ihr Handy zur Hand und öffnen Sie die Uhr-App oder nutzen Sie eine Uhr mit Sekundenzeiger, um die Zeit zu stoppen. Lesen Sie dann vierzig Sekunden lang laut die Wiederholungen des Wortes Spinne.

Spinne Spinne
Spinne Spinne Spinne Spinne Spinne Spinne Spinne Spinne Spinne
Spinne Spinne Spinne Spinne Spinne Spinne
Spinne Spinne Spinne Spinne Spinne
Spinne Spinne Spinne Spinne
Spinne Spinne Spinne

Was ist nach vierzig Sekunden mit der Bedeutung von „Spinne“ passiert? Hat es Sie immer noch nervös werden lassen (falls das zuvor der Fall war)? Hat es noch das Bild einer Spinne vor Ihrem inneren Auge erstehen lassen? Sind die einzelnen Wörter möglicherweise in einem merkwürdigen Geräusch aufgegangen? Oder hat sich „Spinne“ auf irgendeine andere Weise verändert? Schreiben Sie auf, was Sie bei der Übung erlebt haben – oder malen Sie ein Bild von der neuen Version, wenn Sie möchten.

Wiederholen Sie nun die Übung und nehmen dieses Mal ein Wort, das irgendetwas mit Ihren Ängsten zu tun hat, wie z.B. „Sorge“, „Panik“, „Angst“, „Alleinsein“, „Platz“, „Flugzeug“, „Traurigkeit“, „Tod“, „Schmutz“, „Übelkeit“, „Höhe“, „Unfall“ oder „Menschenmenge“.

Mein Angstwort ist ______________________________.

Was kommt Ihnen in den Sinn, wenn Sie dieses Wort sehen? Eine Erinnerung, ein Gefühl? Beschreiben Sie es so gut Sie können mit Worten oder indem Sie ein Bild zeichnen.

Stellen Sie wieder Ihre Uhr-App auf 40 Sekunden ein oder nutzen Sie eine Uhr mit Sekundenanzeige. Schauen Sie dann, wie oft Sie in dieser Zeit Ihr Angstwort auf diese Seite schreiben können. Schreiben Sie so schnell Sie können.

Wie geht es Ihnen jetzt, nachdem Sie Ihr Angstwort so oft hingeschrieben haben? Wirkt es noch so bedrohlich? Merken Sie, dass es auch einfach nur ein Wort ist, ein Klang ohne Bedeutung oder Wahrheit? Nehmen Sie sich einen Moment Zeit, um aufzuschreiben, wie es gerade in Ihrem Inneren aussieht.

Diese Übung soll Ihnen dabei helfen zu erkennen, dass Ihr alles bewertender Verstand durch die Worte, die er hervorbringt, Monster erschaffen kann, die in Wirklichkeit keine Monster sind.

Noch mehr Abstand von Angstgedanken können Sie herstellen, indem Sie den Gedanken laut aussprechen und ihn dabei in die Länge ziehen, z. B. „Paaaaniiiik", „zuuuu duuuumm" oder „uuuunwiiiirkliiiich". Oder ihn mit einer anderen Stimme sprechen, wie ein Kind oder ein alter Mensch, wie Micky Maus oder wie jemand, der betrunken ist oder sehr schlechte Laune hat. Oder vertonen Sie Ihren Gedanken, machen Sie Musik daraus. Singen Sie ihn sich vor, z. B. zur Melodie eines Weihnachts- oder Kinderliedes oder von „Happy birthday to you". Schauen Sie mal, was mit dem Gedanken passiert, wenn Sie einfach ein bisschen mit ihm herumspielen.

Der alles bewertende Verstand

Überlegen Sie einmal, was für eine zentrale Botschaft Ihr Verstand hervorbringt, bevor, während oder nachdem Sie nervös oder ängstlich werden. Womit bringt er Sie aus der Ruhe? Und nun stellen Sie sich einmal vor, Ihr Verstand wäre ein Mensch, den Sie soeben kennengelernt hätten.

Was für ein Mensch wäre Ihr Verstand, wenn er ein Mensch wäre? Vielleicht so jemand, wie der, den Sie sich schon einmal bei einer der vorhergegangenen Übung vorgestellt haben. Oder vielleicht wäre er dieses Mal auch jemand anderes. Wie auch immer – ist es jemand, der liebevoll und fürsorglich ist? Ist es jemand, mit dem Sie gerne Zeit verbringen würden? Wären Sie gerne mit dieser Person befreundet oder würden Sie sie zum Essen einladen? Erklären Sie, wieso oder wieso nicht.

Machen Sie sich jetzt einmal ein paar Gedanken darüber, was Ihr Verstand Ihnen in Angstmomenten sagt. Ist es hilfreich? Vielleicht steckt ein Körnchen Wahrheit darin, dem Sie Gehör schenken wollen. Vielleicht möchten Sie es aber auch einfach loslassen. Was geht in Ihnen vor, wenn Sie daran denken, was Ihr Verstand Ihnen da mitteilt? Und wie möchten Sie darauf reagieren?

Dein Verstand kann dein ärgster Feind und dein bester Freund sein. Um zu unterscheiden, was gerade der Fall ist, musst du darauf achten, was er dir sagt, und dich fragen, ob es hilfreich ist oder nicht. Gedanken, die nicht hilfreich sind, nimmst du am besten einfach zur Kenntnis, erlaubst ihnen, zu kommen und zu gehen, und konzentrierst dich darauf, was du mit deiner Zeit und deiner Energie anfangen willst.

Sich der Angst stellen

Das nächste Mal, wenn Sie in Angst geraten, kehren Sie an diese Stelle des Buchs zurück. Schreiben Sie einige der Gedanken und belastenden Vorstellungen auf, mit denen Sie zu kämpfen haben. Dinge wie „Mir wurde ganz übel und mein Herz schlug wie wild" oder „Meine Hände zitterten, ich war verwirrt und niemand hat mich verstanden".

____

____

____

____

____

____

____

Lesen Sie sich Ihre Liste einmal durch. Es ist in Ordnung, wenn Sie sie nicht mögen oder wenn es sich nicht gut anfühlt, sich an das Erlebte zu erinnern. Die Art von Bereitschaft, in der Sie sich hier üben werden, hat nichts damit zu tun, etwas zu mögen oder nicht zu mögen.

Sind Sie bereit, die Vorstellungen und die unangenehmen Gefühle, die mit ihnen einhergehen, zuzulassen? Sie einfach zu haben, ohne irgendetwas mit ihnen zu machen, ohne gegen sie anzukämpfen?

____

____

____

____

Gehen Sie nun noch einen Schritt weiter. Nehmen Sie einen Punkt von Ihrer Liste. Schreiben Sie ihn hier noch einmal auf.

____

____

Lesen Sie sich das Geschriebene fünfmal laut vor. Falls es Ihnen dabei nicht gut geht, konzentrieren Sie sich auf Ihren Atem.

Schreiben Sie nun Ihre Vorstellung noch dreimal auf die freien Linien hier drunter.

Ich habe die Vorstellung von ________________________________

____

Ich habe die Vorstellung von ________________________________

____

Ich habe die Vorstellung von ______________________________

____

Seien Sie geduldig und nehmen Sie sich Zeit. Und bringen Sie der Vorstellung Freundlichkeit und Mitgefühl entgegen, als wäre sie etwas, das Sie sehr schätzen.

Machen Sie sich gleichzeitig bewusst: Bei dieser Vorstellung und allem, was sie in Ihnen aufsteigen lässt, wenn Sie sie betrachten, handelt es sich um Gedanken und Bilder, nicht mehr und nicht weniger. Es ist, als führen Sie einen Bus und alle ihre Gedanken und Gefühle – jedes Bild und jede Empfindung – wären einfach die Fahrgäste, die im Bus mitfahren. Sie als Busfahrer – und nicht die Fahrgäste – haben die Kontrolle über das Gaspedal, die Bremse und das Steuerrad. Sie entscheiden, was Sie tun.

Deinem ängstlichen Verstand mit Mitgefühl zu begegnen ist eine hilfreiche Möglichkeit, um zu dem gedanklichen Aufruhr in deinem Kopf auf Abstand zu gehen. Dein Verstand macht einfach seinen Job. Sich dessen bewusst zu sein gibt dir Klarheit und Freiheit, um deine Entscheidungen und Handlungen wieder an dem auszurichten, was im Leben wirklich für dich zählt.

Wenn die Angst ein Juckreiz wäre ...

Gefühle von Panik und Angst sind unangenehm, intensiv, manchmal überwältigend oder quälend. Aber sie sind nicht der eigentliche Feind. Der eigentliche Feind ist die Vermeidung.

Wenn die Angst ein Juckreiz wäre, worin besteht Ihr Kratzen? Was tun Sie in der Regel, wenn Angstgefühle auftreten?

Was für Dinge tun Sie *nicht*, weil die Angst sie Ihnen verbietet?

Denken Sie einmal zurück an Situationen, in denen Sie auf Ihre Angst gehört und sich dafür entschieden haben, Dinge zu vermeiden. Waren Sie in dem Moment weniger ängstlich? Hat die Strategie funktioniert?

____

____

____

Wie war es einen Tag danach? Hat sie da immer noch funktioniert?

____

____

____

Wie war es eine Woche später?

____

____

____

Oftmals stellen wir fest, dass es uns in dem Moment hilft, uns weniger ängstlich zu fühlen, wenn wir tun, was die Angst uns sagt. Aber letztlich kommt die Angst immer wieder zurück. Und für unseren Kampf gegen die Angst zahlen wir einen Preis. Wie lange wollen Sie diesen Preis noch bezahlen?

Und was wäre, wenn es eine Möglichkeit gäbe, den Angstjuckreiz zu lindern? Nämlich dadurch, dass Sie mit dem Kratzen aufhören?

Den Kampf aufgeben

Manche Dinge im Leben lassen sich beherrschen, wenn man sich nur genug Mühe gibt – die Angst zählt nicht dazu. Wie sehr Sie es auch versucht haben, keine Strategie, die Sie eingesetzt haben, um Ihre Angst unter Kontrolle zu bekommen, hat auf lange Sicht funktioniert. Und noch dazu haben Sie einen hohen Preis bezahlt, zahlen ihn immer noch. Was ist die Alternative?

Sie könnten den Kampf gegen Ihre Angst einfach beenden.

Wie sieht Ihr Kampf gegen die Angst aus? Im Ernst, was haben Sie schon alles probiert? Und welche Erfahrungen haben Sie dabei gemacht?

____

____

____

____

____

Wie fühlt sich dieses ständige Ankämpfen gegen die Angst an? Wie viel Energie haben Sie noch für andere Dinge? Haben Sie manchmal den Eindruck, Sie könnten es wirklich schaffen, die Angst loszuwerden? Oder ist es einfach bloß frustrierend und kraftraubend?

Auf welche Weise hat Sie der Kampf gegen Ihre Angst in eine Sackgasse geführt, aus der es keinen Ausweg zu geben scheint?

Was würde es Ihnen bedeuten, wenn Sie aus dieser Sackgasse herauskämen und wieder frei wären?

Ein bisschen ist es so, als befänden Sie sich in einem Tauziehen gegen eine ganze Mannschaft von Angstmonstern. Es geht hin und her – aber wie sehr Sie auch an Ihrem Ende des Seils ziehen und zerren, die Gegner ziehen umso mehr und der Kampf findet kein Ende.

Es gibt einen Ausweg. Müssen Sie den Kampf denn wirklich gewinnen? Was würde passieren, wenn Sie sich dafür entscheiden würden, das Seil loszulassen und damit das Tauziehen zu beenden?

Das Tauziehen mit der Angst zu beenden gibt dir den Raum, den du brauchst, um etwas anderes mit deinem Leben anzufangen.

Machen Sie sich einmal bewusst, was diese Möglichkeit für Sie bedeutet. Sie sind frei, Ihren Weg fortzusetzen. Sie sind in der Lage, Ihre Hände, Füße und Ihren Verstand für etwas anderes zu nutzen als dafür, gegen Ihre Angst anzukämpfen. Wie fühlt sich das an?

Es ist menschlich, Gefühle zu haben

Menschen, die unter Ängsten leiden, sind nicht schwach, im Gegenteil: Sie gehören zu den stärksten Menschen, die wir kennen. Sie lassen sich nicht unterkriegen. Aber sie können auch sehr hart zu sich sein. Sie denken oft, sie wären nicht gut genug, wären unfähig, würden sich nicht genug anstrengen, hätten einfach nicht das, was sie bräuchten, um ein erfülltes Leben zu führen.

Was sagt Ihr Verstand über Sie selbst und Ihr Angstproblem? Was hält er Ihnen vor, womit macht er Sie fertig? Schreiben Sie ein paar Gedanken auf, die Ihnen dazu einfallen.

____

____

____

____

____

Die Sache ist die: Sie brauchen nicht mit Ihrem Verstand zu streiten. Sie können sich einfach dafür entscheiden, nicht mit ihm zu diskutieren. Beißen Sie sich nicht fest bei dem Versuch, sich von irgendetwas zu überzeugen. Machen Sie sich einfach klar, dass Ihr Verstand gerade tut, wozu er da ist: Er versucht, Dinge zu verbessern, oder Sie zu schützen – so gut er es eben kann. Wenn solche Gedanken auftauchen, bedanken Sie sich bei Ihrem Verstand für jeden einzelnen von ihnen. Und dann setzen Sie Ihren Weg fort.

Probieren wir es aus. Wie könnten Sie sich bei Ihrem Verstand für diese Gedanken bedanken? Seien Sie kreativ.

Eines der bedeutendsten Dinge, die uns Menschen auszeichnen, ist die Vielfalt unserer Gefühle. Jedes von ihnen – vom höchsten Glück bis zum tiefsten Unglück – ist ein wertvoller Aspekt unserer Lebendigkeit.

Nutzen Sie diesen Skill, diese Art des Umgangs, wenn sich Ihre Angst meldet. Sagen Sie einfach: „Vielen Dank, lieber Verstand", wenn Angstgedanken hochkommen. Vielleicht gelingt es Ihnen auf diese Weise, sie einfach zuzulassen, ohne ihnen zu viel Macht zu geben. „Danke für diesen Gedanken" – und dann setzen Sie Ihren Weg fort. Probieren Sie es aus.

Schließen Sie die Augen und richten Sie Ihre Aufmerksamkeit auf den natürlichen Rhythmus Ihres Atems in Brust und Bauch. Nach ein paar Augenblicken beschreiben Sie nun bitte eine schmerzhafte Erfahrung, vielleicht ein belastendes Ereignis oder eine Situation, die bei Ihnen Angst ausgelöst hat.

Lesen Sie sich dann noch einmal durch, was Sie geschrieben haben. Nehmen Sie all das Negative, das Schwere und Leidvolle in sich auf. Atmen Sie den Schmerz ein.

Stellen Sie sich nun Menschen vor. Menschen, die in diesem Moment genau das Gleiche fühlen wie Sie selbst. Sie sind bei weitem nicht der einzige Mensch, dem es so geht wie Ihnen. Millionen von Menschen auf der ganzen Welt haben die gleichen Gefühle wie Sie.

Versuchen Sie nun einmal, sich einen oder mehrere dieser Menschen vorzustellen, denen es so geht wie Ihnen. Was fällt Ihnen auf, wenn sie vor Ihrem inneren Auge auftauchen? Woran können Sie erkennen, dass sie das Gleiche fühlen wie Sie?

____

____

____

____

____

____

____

____

____

Bleiben Sie bei dieser Vorstellung von Ihren Leidensgenossen. Atmen Sie nun mit jedem Atemzug ihren Schmerz ein. Tun Sie es für sie. Und mit jedem Ausatmen atmen Sie Trost, Freude und Wohlwollen für Ihre Leidensgenossen aus – und wünschen ihnen, dass sie frei werden von ihrem Leid an der Angst.

Lassen Sie sich Zeit, achten Sie auf den natürlichen Rhythmus Ihres Atems. Gehen Sie beim Einatmen in Kontakt mit Ihrem Schmerz und verströmen Sie beim Ausatmen Wohlwollen und den Wunsch, andere mögen von dem Leid befreit werden, das sie befällt, wenn sie Angst und Schmerz erleben.

Wenn Sie Ihren Mitmenschen etwas Tröstliches und Hilfreiches mitgeben wollten, was könnten Sie sagen? Wie könnten Sie ihnen helfen, den Kampf gegen Sorgen und Ängste loszulassen?

Schauen Sie sich an, was Sie geschrieben haben. Sind Sie bereit, beim nächsten Mal, wenn die Angst sich meldet, einige dieser freundlichen Worte zu sich selbst zu sagen? Sie können es tun – jederzeit und überall.

Die Grenzen der Kontrolle spüren

Das Leben hat Ihnen immer wieder gezeigt, wie gut das Kontrollprinzip funktioniert. Als Kind haben Sie wahrscheinlich gelernt, nicht auf die heiße Herdplatte zu fassen, weil das wehtut. Sie haben es entweder auf die harte Tour gelernt oder dadurch, dass Sie auf Ihre Eltern oder andere Bezugspersonen gehört haben, von denen Sie gewarnt wurden: „Nicht anfassen, sonst tust du dir weh.“ Dadurch, dass Sie die Finger von heißen Gegenständen gelassen haben, haben Sie sich vor Schaden und Schmerz bewahrt.

Überlegen Sie sich einmal ein oder zwei Situationen, in denen das Kontrollprinzip für Sie funktioniert hat. Beschreiben Sie die Erfahrung.

Wie funktioniert das Kontrollprinzip, wenn Sie es auf Ihre Angst anwenden?

____

____

____

____

____

____

____

____

____

____

Immer wieder haben Sie die Erfahrung gemacht, dass Kontrolle Ihnen hilft, äußere Quellen für Schmerz und Schaden zu vermeiden oder zu reduzieren. Da erscheint es naheliegend, dass Kontrolle auch funktioniert, wenn sie sich auf *innere* Quellen für Verletzungen und Schmerz richtet. Leider ist das nicht der Fall.

Sie können Ihre Angst nicht unter Kontrolle bekommen, indem Sie vor unerwünschten Empfindungen, Gefühlen, Gedanken, Sorgen oder Bildern weglaufen, sie vermeiden oder sie verdrängen. Auch wenn Sie sich dabei noch so große Mühe geben.

Was wirklich zählt

Was ist Ihnen wichtig? Die meisten Leute machen sich keine Gedanken über diese Frage, solange es noch möglich wäre. Und irgendwann ist es dann zu spät. Das wollen wir Ihnen ersparen. Es ist ein wichtiger Teil Ihres Weges zu einem besseren Umgang mit der Angst, dass Sie in Kontakt damit sind, was für eine Art von Mensch Sie sein wollen und worum es in Ihrem Leben gehen soll.

Um zu erkennen, welchen Preis du für deinen Kampf gegen die Angst bezahlst, brauchst du Klarheit darüber, worauf du Wert legst und was du mit deinem Leben anfangen willst.

Uns ist klar, dass die folgende Übung auf den ersten Blick etwas makaber erscheint – trotzdem: Versuchen Sie einmal, sich Ihre eigene Beerdigung vorzustellen. Sehen Sie vor Ihrem inneren Auge, wie Sie in dem offenen Sarg liegen. Stellen Sie sich die Blumen vor, die Musik. Beschreiben Sie die Vorstellung. Seien Sie so genau wie möglich.

Sehen Sie sich um. Wer ist alles zu Ihrer Beerdigung gekommen?

___

___

___

___

___

Was wird gesprochen? Wie äußern sich Ihre Lebenspartnerin bzw. Ihr Lebenspartner, Ihre Kinder, Ihre besten Freunde, Kollegen und Ihre Nachbarn über Sie? Hören Sie genau zu, was jeder Einzelne von ihnen über Sie zu sagen hat.

Tauchen Sie ganz in die Situation ein. Lehnen Sie sich zurück, schließen die Augen und stellen Sie sich vor, wie es sein könnte am Tag Ihrer Beerdigung. Seien Sie so ehrlich wie möglich. Was wird man über Sie sagen? Dann schreiben Sie.

Ich habe gehört, dass die Leute folgende Dinge über mich gesagt haben:

___

___

___

___

___

Und nun überlegen Sie bitte einmal: Was hätten Sie sich in Ihrem tiefsten Inneren gewünscht? Was hätten Sie am liebsten über sich und darüber, wie Sie Ihr Leben gelebt haben, gehört?

Ich hätte gerne gehört, dass die Leute folgende Dinge über mich gesagt hätten:

____

____

____

____

____

____

Bei dieser Übung geht es um etwas höchst Bedeutsames. Das, was Sie andere haben sagen hören, beruhte darauf, wie Sie zurzeit von Ihren Mitmenschen wahrgenommen werden. Dagegen ging es bei dem, was Sie gerne gehört hätten, um das, was Sie sich eigentlich für sich und Ihr Leben wünschen.

Für den Kampf gegen die Angst zahlen Sie einen hohen Preis, weil er Sie davon abhält, die Dinge zu tun, die Sie eigentlich tun wollen. Er führt dazu, dass auf Ihrer Beerdigung Dinge über Sie gesagt werden, die Sie lieber nicht hören möchten, Dinge wie „Sie hat kaum etwas unternommen“ oder „Er hat nie seine Familie besucht“.

Die gute Nachricht lautet: Ihr Leben ist noch nicht vorbei. Sie haben noch Zeit, um Dinge zu tun, die im Einklang damit stehen, was für ein Mensch Sie sein möchten. Sie können jederzeit anfangen, so zu leben, wie Sie später einmal in Erinnerung behalten werden möchten.

Wie könnte Ihre Grabinschrift lauten, wenn Sie heute sterben würden? Was würde sie über Sie aussagen in Anbetracht all Ihrer Bemühungen, Ihre Angst unter Kontrolle zu bekommen? Was hat es aus Ihnen gemacht, Ihrer Angst so viel Macht darüber zu geben, was Sie tun und lassen?

Hier liegt ______________________________,

die/der ______________________________________

____

____

____

____

Aber so muss es ja nicht kommen. Stellen Sie sich vor, Sie könnten Ihr Leben vollkommen frei gestalten, ohne sich durch Sorgen oder Ängste einschränken zu lassen. Wäre das nicht wunderbar? Was würden Sie tun? Womit würden Sie Ihren Mitmenschen in Erinnerung bleiben wollen?

____

____

____

____

____

Überlegen Sie sich für einen neuen Grabstein einen oder mehrere Sätze, die kurz und bündig zum Ausdruck bringen, was für ein Leben Sie führen möchten.

Hier liegt ______________________________,

die/der ____

____

____

____

____

Welche Inschrift beschreibt besser, welche Spuren Sie hinterlassen möchten? Welche erscheint Ihnen lebendiger? Welche trifft mehr auf Ihr jetziges Leben zu?

Nun überschlagen Sie bitte einmal, wie viel Zeit Sie voraussichtlich noch auf diesem Planten verbringen werden. Berechnen sie zunächst einmal die Zahl der Tage, die Sie schon auf der Welt sind. Multiplizieren Sie dazu Ihr aktuelles Lebensalter mit 365.

Alter in Tagen: _______________

Ziehen Sie nun diese Zahl von 29 200 ab (so viele Tage werden Sie gelebt haben, wenn Sie 80 Jahre alt sind). Diese neue Zahl ist eine Schätzung der Anzahl von Tagen, die Sie wahrscheinlich noch zu leben haben.

Verbleibende Tage: _______________

Auch hier ist unsere Absicht nicht, Ihnen Angst einzujagen. Vielmehr wollen wir erreichen, dass Sie Ihr Leben so sehen, wie es ist, auch in seiner Vergänglichkeit. Und es geht uns darum, Ihnen einen Anstoß zu geben, sich damit zu beschäftigen, womit Sie Ihre kostbare Zeit verbringen – und womit Sie sie eigentlich verbringen wollen.

Schauen Sie sich nun noch einmal Ihre ideale Grabinschrift an und fragen sich:

Was möchte ich anfangen mit der Zeit, dir mir noch bleibt?

___

___

___

___

___

Was möchte ich anfangen mit dem nächsten Jahr?

___

___

___

___

___

Was möchte ich anfangen mit dem nächsten Monat?

Was möchte ich anfangen mit der nächsten Woche?

Was möchte ich anfangen mit dem morgigen Tag?

Sie können entscheiden, worauf Sie Ihre Zeit und Energie verwenden wollen. In diesem Punkt haben Sie Kontrolle!

Sie tun dies nicht zum ersten Mal

Bei näherer Betrachtung merkt man es schnell: Sobald man Schritte tut in die Richtung, in die man gehen will, bekommt man es oft mit Dingen zu tun, die man lieber nicht hätte – unangenehme Gefühle und körperliche Empfindungen.

Um sich im Leben fortzubewegen, muss man aufhören, immer sofort etwas gegen unangenehme innere Regungen unternehmen zu wollen, sondern muss lernen, sie zu akzeptieren und mitzunehmen auf seinen Weg. Dies ist oft alles andere als einfach, was auch für viele andere Dinge im Leben gilt, die einen weiterbringen.

Überlegen Sie einmal: Welche besonderen und wichtigen Dinge, die Sie tun, sind heute für Sie selbstverständlich, Ihnen aber früher einmal schwergefallen? Fangen Sie ganz klein an. Wie war es zum Beispiel, als Sie angefangen haben, mit Messer und Gabel zu essen oder die Toilette zu benutzen? Wie war es, als Sie das Abc gelernt haben, angefangen haben, einzelne Buchstaben zu schreiben und schließlich Ihren Namen? Als Sie lesen gelernt haben oder den Umgang mit Geld? Suchen Sie sich eine Erfahrung heraus und beschreiben Sie sie.

Wie schwierig war es am Anfang? Wie sehr mussten Sie sich anstrengen?

Und wie haben Sie letztendlich Ihre Schwierigkeiten überwunden? Wie hat sich das angefühlt?

Könnten Sie wieder darauf zurückgreifen, was an Möglichkeiten, Fähigkeiten und Stärken in Ihnen steckt? Bestimmt!

Ihr ganzes bisheriges Leben war eine Reise von einem Moment zum nächsten. All das, was Sie sich vom Leben wünschen, erscheint am Anfang oft schwierig oder unmöglich. Um zu tun, was Sie tun wollen, müssen Sie durch schwierige Augenblicke hindurchgehen, oft viele Male. Aber mit Bereitschaft und der Fähigkeit, sich bewusst zu machen, was Sie fühlen, *ohne zu versuchen, es unter Kontrolle zu bekommen,* können Sie es schaffen.

Um alles zu bekommen, musst du bereit sein, alles zu haben: die guten, die unangenehmen und die manchmal schlimmen Momente, die das Leben dir bereitet oder die dein eigenes Inneres hervorbringt.

Sich in der eigenen Haut wohlfühlen

Den meisten von uns gefällt es nicht, was sie sehen, wenn sie sich im Spiegel betrachten. Wir finden immer etwas an unserem Äußeren auszusetzen. Dasselbe gilt für unsere Vorstellung davon, wer wir sind – das, was über unsere äußere Erscheinung hinausgeht. Es kann mit schwierigen Gefühlen verbunden sein, als ganze Person sichtbar zu werden.

Um mit sich selbst ins Reine zu kommen, muss man die eigenen Schwächen und Verletzbarkeiten akzeptieren. Zu lernen, sich so anzunehmen, wie man ist, und jede innere Erfahrung zuzulassen, ist eine wichtige Voraussetzung, um inneren Frieden zu kultivieren – und sich auf Dinge zuzubewegen, vor denen man sich fürchtet, anstatt sie zu vermeiden. Diese Fähigkeit ist besonders wichtig im Umgang mit anderen Menschen.

Versuchen Sie einmal Folgendes: Stellen Sie sich zwei bis fünf Minuten lang vor einen großen Spiegel. Stärker ist die Wirkung, wenn Sie es unbekleidet tun und sich ganz sehen können. Sehr wahrscheinlich werden dabei einige unangenehme Gedanken und Gefühle aufkommen. Sind Sie dazu bereit?

Nehmen Sie sich einen Moment Zeit und betrachten Sie sich ausgiebig im Spiegel. Schauen Sie wirklich hin. Was sehen Sie? Wie ist es, sich anzuschauen – ohne Maske, so wie Sie sind? Schreiben Sie auf, was Sie an körperlichen Empfindungen wahrnehmen und welche Gedanken Ihnen durch den Kopf gehen.

Richten Sie Ihre Aufmerksamkeit nun auf Ihren Kopf und das Gesicht. Betrachten Sie die obere Seite Ihres Kopfes – Haare und Stirn. Was sehen Sie, wenn Sie genau hinschauen? Achten Sie auf Strukturen, Formen und Farben. Dann machen Sie mit dem Gesicht weiter – Augen, Nase, Mund und Wangen.

Was wollen Sie *tun* mit Ihren sehenden Augen, Ihren hörenden Ohren, Ihren Lippen, Ihrem Mund? Wozu möchten Sie sie im weiteren Verlauf Ihres Lebens nutzen? Können Sie das, was Sie erleben, einfach zulassen und Ihrem Kopf erlauben, seinen Job zu machen? Schreiben Sie über Ihre Erfahrung.

Kehren Sie zu Ihrem Körper zurück und machen Sie sich bewusst, dass jeder Körperteil zu Ihnen gehört. Jeder hat eine eigene Geschichte zu erzählen. Wie äußert sich Ihr Verstand über das, was Sie im Spiegel sehen? Womöglich spüren Sie Kummer, Scham, Peinlichkeit, ein Gefühl von Minderwertigkeit. Vielleicht sind da Gedanken wie „zu dick", „zu klein", „hässlich", „schön", „faltig", „glatt", „attraktiv" oder „unattraktiv". Was nehmen Sie in sich wahr?

Geben Sie sich etwas Zeit, um all diese Dinge, die Ihr Verstand über Sie sagt, einfach zur Kenntnis zu nehmen. Schauen Sie dann, ob Sie den Fokus wieder auf die reine, unmittelbare Erfahrung Ihrer selbst richten können. Achten Sie auf schwierige Gefühle, die hochkommen können. Schauen Sie, ob Sie auch jetzt präsent bleiben können. Bleiben Sie bei sich und erlauben Sie sich, der Mensch zu sein, der Sie sind: ganz ... vollständig ... einzigartig ... perfekt unperfekt ... und verletzbar ... wie jeder andere auch.

Betrachte dich wohlwollend und nimm dich sich so an, wie du bist. Du bist du. Erlaube all dem, was ist, einfach zu sein, was es ist, während du die Dinge tust, die du tun möchtest.

Mit Empfindungen arbeiten

Schauen wir uns nun eine der unangenehmen Empfindungen näher an, die auftreten, wenn Sie in Angst geraten. Denken Sie an eine körperliche Empfindung, die besonders schwer auszuhalten oder sehr intensiv ist. Beschreiben Sie sie. Wann taucht sie in der Regel auf und wie fühlt sie sich an?

____

____

____

____

____

Nehmen Sie sich nun einen Moment Zeit, um die Existenz dieser Empfindung einfach anzuerkennen. Sagen Sie sich:

Da ist ____________________. Oder: Da ist mein(e) ____________________.
[setzen Sie hier die Empfindung ein]

Dies ist der perfekte Augenblick, um sich so gut es geht in den Schmerz hineinzulehnen und ihn anzunehmen.

Ich erlaube dieser Empfindung, zu sein, was sie ist: ein Gefühl in meinem Körper, nicht mehr und nicht weniger.

Wann sonst ist diese Empfindung schon aufgetaucht? Machen Sie sich klar, dass Sie diese Empfindung auch schon in Momenten gehabt haben, als Sie nicht ängstlich waren. Schreiben Sie darüber, wie sich das angefühlt hat.

Wie können Sie der Empfindung Raum geben, wenn sie das nächste Mal auftritt?

Wie fühlt sich diese Empfindung wirklich an? Wo fängt sie an und wo hört sie auf?

Handelt es sich bei dieser körperlichen Empfindung wirklich um einen Feind, den es zu bekämpfen gilt, oder können Sie sie einfach als Gefühl oder Empfindung zulassen?	JA	NEIN

Ist diese Empfindung etwas, was Sie nicht haben dürfen oder können? Auch wenn Ihr Verstand Sie davon abhalten will – wie hoch ist Ihre Bereitschaft, ihr einen Platz in Ihrem Herzen einzuräumen?

Ist das, was Sie empfinden, etwas, das Sie bekämpfen müssen, oder gibt es in Ihnen genug Raum, um all das zu fühlen und zuzulassen? Wie können Sie den Raum in Ihrem Inneren zu einem freundlichen Raum werden lassen?

____

____

____

____

____

Während Sie jeder einzelnen Empfindung in Ihrem Inneren Raum geben, stellen Sie vielleicht fest, dass Ihr Verstand mal wieder die altbekannten Urteile auspackt wie „gefährlich“, „wird immer schlimmer“ oder „unkontrollierbar“. Wenn das passiert, dann bedanken Sie sich schlicht bei Ihrem Verstand dafür und richten Sie Ihr Augenmerk wieder darauf, mit sanfter Neugier, Offenheit und Mitgefühl zu betrachten und wahrzunehmen.

Vielen Dank, lieber Verstand dafür, dass ________________________

____

____

____

____

Deinen schwierigen Empfindungen mit freundlicher und sanfter Bereitschaft zu begegnen ist etwas, das in deiner Macht liegt. Und es ist ein notwendiger und hilfreicher Schritt aus der Sackgasse der Angst heraus hin zu mehr Lebendigkeit und Lebensqualität.

Teil 3
Tun

Den Nordstern finden

Wie uns Joseph Campbell gelehrt hat, entsteht Glück, wenn wir auf unser Herz hören und dann Dinge tun, die uns etwas bedeuten.

Um die Voraussetzungen für ein erfülltes Leben zu schaffen, müssen Sie zunächst einmal wissen, worauf Sie eigentlich Wert legen. Was ist Ihre Leidenschaft, Ihr Lebenselixier? Dann müssen Sie nach Möglichkeiten suchen, das, was Ihnen wichtig ist, in Ihrem Alltag zum Leben zu erwecken, ohne sich von Ihren Ängsten daran hindern zu lassen. Sehr hilfreich dabei ist die Fähigkeit, innere Regungen einfach *wahrzunehmen* und ihnen *erlauben*, da zu sein.

Stellen Sie sich einmal vor, Sie könnten tun und lassen, was Sie wollen, ohne sich von irgendeinem Gefühl daran hindern zu lassen.

Wenn ________________________________ **kein Problem für mich wäre,**
[Ihre größte Angst oder Sorge]

dann würde ich ________________________________

____

- Wofür steht das, was Sie tun würden? Was bedeutet es Ihnen? Geht es um Freiheit? Eine tiefe Verbundenheit mit anderen? Kreativität? Wachstum? Sinn? Lernen? Leistung? Was ist es? Lassen Sie Ihr Herz sprechen.
- Suchen Sie nun ein Wort, das es auf den Punkt bringt, worum es Ihnen bei den Dingen geht, die Sie tun würden, wenn Ihre Ängste kein Problem für Sie wären: ________________________. Dies ist Ihr Nordstern.
- Oder sagen wir: einer Ihrer Nordsterne. Machen Sie noch ein paar Durchgänge, wenn Sie mögen, jedes Mal mit einem anderen Angstsymptom und einem anderen Traum.

Wenn ______________________________ kein Problem für mich wäre,
[Ihre größte Angst oder Sorge]

dann würde ich ______________________________

____

- Wofür steht das, was Sie tun würden? Was bedeutet es Ihnen? Geht es um Freiheit? Eine tiefe Verbundenheit mit anderen? Kreativität? Wachstum? Sinn? Lernen? Leistung? Was ist es? Lassen Sie Ihr Herz sprechen.
- Suchen Sie nun ein Wort, das es auf den Punkt bringt, worum es Ihnen bei den Dingen geht, die Sie tun würden, wenn Ihre Ängste kein Problem für Sie wären: ______________________________. Dies ist Ihr Nordstern.

Wenn ______________________________ kein Problem für mich wäre,
[Ihre größte Angst oder Sorge]

dann würde ich ______________________________

____

- Wofür steht das, was Sie tun würden? Was bedeutet es Ihnen? Geht es um Freiheit? Eine tiefe Verbundenheit mit anderen? Kreativität? Wachstum? Sinn? Lernen? Leistung? Was ist es? Lassen Sie Ihr Herz sprechen.
- Suchen Sie nun ein Wort, das es auf den Punkt bringt, worum es Ihnen bei den Dingen geht, die Sie tun würden, wenn Ihre Ängste kein Problem für Sie wären: ______________________________. Dies ist Ihr Nordstern.

Die Nordsterne stehen für Ihre persönlichen Werte, Ihre Vorstellungen von einem guten Leben und das, was darin wichtig ist. Nehmen Sie sie in den Blick, wenn sich die Angst meldet. Wenn etwas Schwieriges auf Sie zukommt und Sie einen starken Drang verspüren, einer Sache aus dem Weg zu gehen, die Ihnen Angst macht, schauen Sie, ob Sie sich an Ihre Werte erinnern und jedes Bemühen um Kontrolle loslassen können. So eröffnen sich neue Möglichkeiten.

Bestimmen Sie einmal diese drei Nordsterne. Sie bilden zusammen Ihr „Wertesternbild". Und wie der Nordstern im Kleinen Wagen kann dieses Sternbild Sie immer in die Richtung weisen, die Ihnen am meisten bedeutet.

Ihr Nordstern in verschiedenen Lebenbereichen

Ihre Werte, Ihre Nordsterne können Ihnen den Weg durch Ihr Leben weisen. Was das im Einzelnen heißt, hängt immer auch von den jeweiligen Umständen ab. Schauen Sie sich einmal wichtige Bereiche Ihres Lebens näher an und nehmen sich etwas Zeit, um zu überlegen, wie Sie in den verschiedenen Bereichen Ihre Nordsterne zum Ausdruck bringen wollen.

Bedenken Sie, dass manche Bereiche Ihnen wichtiger sein können als andere. Außerdem können Sie in einigen Bereichen auf der Stelle etwas tun, um Ihren Nordstern zur Geltung zu bringen, in anderen geht das womöglich erst zu einem späteren Zeitpunkt.

Beruf

Wozu würden Sie Ihre Energie, Begabungen und Fähigkeiten am liebsten einsetzen? Wie sähe das aus? Was für einer Arbeit würden Sie nachgehen, wenn Sie die freie Auswahl hätten? Beschreiben Sie die Eigenschaften einer Stelle oder einer Beschäftigung, von der Sie denken, dass sie perfekt zu Ihnen passen würde.

Worum sollte es bei Ihrer Arbeit oder Ihrem Beruf gehen? Was ist Ihnen daran wichtig, worauf legen Sie Wert (z. B. finanzielle Sicherheit, geistige Herausforderung, Unabhängigkeit, Ansehen, Umgang mit Menschen, anderen zu helfen)?

Beziehungen

Was für eine Art von Liebesbeziehung möchten Sie haben? Wie möchten Sie Ihren Partner oder eine andere Person behandeln, zu der Sie eine verbindliche und bedeutsame Beziehung pflegen? Wie möchten Sie in Beziehungen behandelt werden?

Denken Sie einmal an Ihre Beziehungen zu den Mitgliedern der Familie, in der Sie aufgewachsen sind. Sind Ihnen Ihre familiären Bindungen wichtig? Sehen Sie einen Sinn in ihnen? Was bedeuten Ihnen diese Rollen und Beziehungen?

Was für einen Umgang wünschen Sie sich mit Ihren Familienangehörigen? Falls Sie Geschwister oder Stiefgeschwister haben, was für eine Art von Schwester oder Bruder möchten Sie sein? Wenn Ihre Eltern noch am Leben sind, was für eine Art von Sohn oder Tochter möchten Sie sein?

Falls Sie Kinder haben, was für eine Art von Mutter oder Vater möchten Sie sein?

Wie möchten Sie Ihre Elternrolle gestalten?

Welche persönlichen Qualitäten möchten Sie in und durch Ihre Beziehungen entwickeln?

Wie würden Sie idealerweise mit Ihren Freunden umgehen?

Persönliches Wachstum

Überlegen Sie einmal, was Ihnen auf dem Gebiet Lernen und persönliches Wachstum wichtig ist. Würden Sie gerne irgendwelche Fähigkeiten ausbauen oder neue erwerben? Gibt es Wissens- oder Kompetenzbereiche, in denen Sie sich gerne weiterentwickeln würden?

Gesundheit

Wie wollen Sie für Ihr Wohlbefinden sorgen? Was möchten Sie für Ihren Körper und Ihre Gesundheit tun (z. B. auf Ihre Ernährung achten oder sich ausreichend bewegen)? Wie wichtig ist Ihnen Ihre körperliche Gesundheit?

Überlegen Sie mal, was Sie motiviert, gesund zu bleiben. Denken Sie auch an Ihr seelisches Wohlbefinden. Auf welche Weise können Sie dazu beitragen und wie wichtig ist es Ihnen?

Spiritualität

Was passt hier zu Ihnen, womit können Sie etwas anfangen? Gibt es Dinge, die über Ihr eigenes Leben hinausreichen und die Sie inspirierend finden? Welche Mysterien des Lebens flößen Ihnen Ehrfurcht ein? Woran glauben Sie (falls Sie an etwas glauben)?

Welche Rolle soll Spiritualität in Ihrem Leben spielen und auf welche Weise würde sich das zeigen? Wenn Sie Spiritualität so leben könnten, wie es Ihnen vorschwebt, was könnten Sie für sich daraus gewinnen?

Einsatz für die Gemeinschaft

Auf welche Weise würden Sie gerne Ihre Begabungen und Leidenschaften in die Gemeinschaft einbringen? Wofür könnten Sie sich hier erwärmen?

Vermissen Sie irgendetwas in diesem Bereich Ihres Lebens? Was können Sie tun, um die Welt zu einem besseren Ort zu machen? Was ist Ihnen wichtig an gesellschaftlichen Aktivitäten (wie z.B. Ehrenämter, politisches Engagement, Umweltschutz)?

Spiel

Wie viel Wert legen Sie darauf, zu spielen und sich zu amüsieren? Verbringen Sie gerne Zeit damit, einfach mal abzuschalten, Spaß zu haben, wieder zum Kind zu werden, sich selbst herauszufordern oder neue Interessen oder Fähigkeiten zu entwickeln, etwa ein Musikinstrument zu erlernen? Alles zählt hier, was eine spielerische Qualität hat. Wie sähe dieser Bereich Ihres Lebens im Idealfall aus?

Und wenn Sie das bedenken, welche Beschäftigungen, Interessen oder Hobbys würden Sie gerne pflegen und näher erkunden, wenn Sie könnten? Wie können Sie sich mit Hobbys, Sport oder Spiel etwas Gutes tun?

Sonst noch etwas?

Sind beim Nachdenken über die verschiedenen Bereiche Ihres Lebens noch andere wichtige Werte aufgetaucht? Falls ja, schreiben Sie hier auf, was Ihnen noch eingefallen ist.

Leben Sie Ihre Werte?

Wie Sie bei der letzten Aufgabe feststellen konnten, ist es möglich, das Leben in verschiedene Bereiche aufzuteilen: Beruf, Beziehungen, Spiel, Gesundheit, persönliches Wachstum, Gemeinschaft und Spiritualität. Schauen Sie sich nun einmal einen dieser Bereiche näher an, der Ihnen viel bedeutet und in dem sich Ihre Angst besonders bemerkbar macht. Suchen Sie einen Wert aus, der Ihnen jetzt gerade besonders wichtig ist.

Welcher Wert ist es? ____

____

____

Auf welche Weise würden Sie diesem Wert gern Geltung verschaffen? __________

____

____

____

____

____

Tun Sie momentan das, was Ihnen wichtig ist?

Falls ja, wie fühlt sich das an? ______________________________

____

____

____

____

____

Falls nicht, wieso nicht? ______________________________

____

____

____

____

____

Was steht Ihnen im Weg? An dieser Stelle kann es hilfreich sein, die Barrieren, die die Angst errichtet, einmal in ihre Einzelteile zu zerlegen. Betrachten Sie getrennt voneinander die Gedanken und Vorstellungen, körperlichen Empfindungen, Gefühle und Impulse, die es Ihnen schwermachen, zu tun, worauf Sie eigentlich Wert legen.

Gedanken und Vorstellungen: Welche Gedanken oder Vorstellungen tauchen auf, die es Ihnen schwermachen, Ihre Absichten in die Tat umzusetzen?

____

____

____

____

____

____

Gefühle: Von welchen Emotionen lassen Sie sich daran hindern, das zu tun, worauf Sie Wert legen?

____

____

____

____

____

____

Körperliche Empfindungen: Welche körperlichen Empfindungen scheinen zwischen Ihnen und dem, was Ihnen wichtig ist, zu stehen?

Impulse: Welche Impulse machen es Ihnen schwer? Etwa ein Drang, sich zu verschließen? Wegzulaufen? Alkohol oder andere Substanzen zu konsumieren?

Du lebst deine Werte in den Taten, die du vollbringst, und diese sind es, die dein Leben lebenswert machen. „Angst in den Griff zu bekommen" ist kein Wert, keine Art zu leben. Was du tun kannst, wenn die Angst sich meldet, ist: wahrnehmen, zulassen und handeln. Du kannst zu deinen Herzensangelegenheiten zurückkehren und deinem Nordstern folgen, auch wenn der Wind des Lebens dir ins Gesicht bläst.

Das eigene Leben gestalten

Sie wissen, was passiert, wenn Sie Ihre Ängste und Sorgen ans Ruder lassen. Sie können Ihr Leben nicht mehr selbst gestalten. Dabei sind im Grunde doch Sie die Chefin, der Chef in Ihrem Leben, Sie halten die Fäden in der Hand.

Ihre Werte können Sie motivieren, Schritte in eine positive, sinnvolle Richtung zu machen. So bestimmen Sie selbst, wo es hingeht, nicht die Angst. Damit bauen Sie sich ein Leben auf, das in Einklang mit dem steht, was Sie wirklich wollen. Sie können die Stärke entwickeln, selbst zu entscheiden, wie Sie auf die Ängste und Sorgen, die dunklen Bilder aus der Vergangenheit oder die Befürchtungen über das, was die Zukunft bringt, reagieren wollen. Sie haben die Wahl: Wollen Sie den Kampf gegen die Angst fortsetzen – oder Frieden mit ihr schließen?

Wenn Sie das nächste Mal einen ängstlichen Moment durchleben und feststellen, dass die Angst die Oberhand gewonnen hat, nehmen Sie dieses Buch zur Hand und beschreiben, was passiert ist.

Was haben Sie getan? War es eine bewusste Entscheidung – oder haben Sie einfach aus alter Gewohnheit heraus reagiert? (Verurteilen Sie sich nicht, aber seien Sie ehrlich.)

Wenn Sie eine zweite Chance hätten, was würden Sie gerne anders machen, worauf würden Sie achten?

Angst kommt und geht – von ganz alleine. Angst zu haben ist keine Wahl. Die Wahl besteht darin, wie man mit ihr umgeht. Sie können die Angst bekämpfen – oder sie mit wohlwollendem Interesse betrachten, sich ihr gegenüber öffnen und sie einfach zulassen. Wie eine Meereswelle wird die Angst dann wieder in sich zusammenfallen.

Wenn Sie befürchten, Sie könnten versagen – also es nicht schaffen, zu tun, was Sie tun wollen –, machen Sie sich klar, dass es sich dabei um eine Vorhersage handelt, Sie aber letztendlich nie wissen können, was passieren wird. Außerdem geht es bei Werten nicht darum, etwas zu schaffen oder nicht zu schaffen. Es geht darum, das, was Ihnen wirklich wichtig ist, durch Ihr Handeln zum Ausdruck zu bringen. Werte motivieren Sie und helfen Ihnen, gute Entscheidungen zu treffen. Wenn Sie vom Weg abkommen und es nicht schaffen, zu tun, was Sie sich vorgenommen haben, können Sie dies schlicht zur Kenntnis nehmen, sich wieder auf Ihre Werte besinnen und erneut die Richtung einschlagen, die Ihre Nordsterne Ihnen weisen.

In dem Moment, als ich nicht auf der Grundlage meiner Werte gehandelt habe, ging es mir

____

____

____

____

____

____

____

____

Ich weiß, es ist in Ordnung, diese Gefühle zu haben und in solchen Momenten kann ich freundlich mit mir umgehen, indem ich

Möglich ist es natürlich auch, genau das Gegenteil von dem zu tun, was die Angst Ihnen vorschreiben will. Wenn Sie das getan hätten in der Situation, in der Sie sich befunden haben, wie hätte das ausgesehen?

Die nächste Übung ist gut geeignet, sich auch dann auf die eigenen Werte zu besinnen, wenn der Gegenwind durch die Angst besonders stark ist. Am besten funktioniert sie mitten in einer konkreten Angsterfahrung.

Konzentrieren Sie sich zunächst einmal auf Ihre Atmung und beobachten, wie sich Brustkorb und Bauch im Rhythmus des Atems sanft auf- und abbewegen.

Ruhen Sie in der Erfahrung Ihres Atems und machen Sie sich bewusst, was da gerade in Ihnen aufsteigt – ein schwieriger Gedanke, eine Sorge, eine Vorstellung oder eine intensive körperliche Empfindung. Beschreiben Sie, wie sich das für Sie anfühlt.

____

____

____

____

____

____

____

____

Richten Sie Ihre Aufmerksamkeit sanft, direkt und entschlossen auf Ihr schmerzhaftes Empfinden, so unangenehm es sich auch anfühlt. Bleiben Sie dabei, atmen Sie damit und schauen Sie, ob Sie sich sanft für Ihre Gefühle öffnen und ihnen Raum geben können. Stellen Sie sich vor, dass Sie mit jedem weiteren Atemzug mehr Raum für die Angst erschaffen, so dass sie einfach da sein kann.

Ist das, was in Ihnen vorgeht, wirklich Ihr Feind? Oder können Sie es einfach haben, wahrnehmen, es als Teil von sich akzeptieren und da sein lassen? Können Sie dem Schmerz, der Spannung, der Angst Raum geben? Wie fühlt es sich an, ihnen einfach erlauben, da zu sein, von Augenblick zu Augenblick? Müssen Sie wirklich dagegen ankämpfen oder können Sie das, was gerade schwierig und schmerzhaft ist, einladen, können sagen: „Ich heiße dich willkommen als ein Teil dessen, was ich jetzt gerade erlebe"?

Bleiben Sie so lange bei Ihren schwierigen Gedanken und Gefühlen, wie diese um Ihre Aufmerksamkeit ringen.

Während Sie sich bewusst darauf einlassen, einfach da zu sein, wo Sie gerade sind, schauen Sie, ob Sie auch mit Ihren Werten und Ihren Vorsätzen präsent sein können.

Warum bin ich hier?

Wohin will ich gehen?

Worauf lege ich in diesem Moment meines Lebens Wert?

Achtsames Zulassen ist eine Fähigkeit, die dir die Freiheit gibt, deine Werte zu leben. Es ist ein kleines Pflänzchen, das regelmäßig gegossen werden muss, um zu wachsen.

Der Angst mit Mitgefühl begegnen

Mitgefühl und Freundlichkeit können der Angst, der Panik, der Furcht und den Sorgen buchstäblich den Stachel nehmen. Sie sind dann keine Barrieren mehr, sondern etwas, mit dem Sie leben können und das Sie mitnehmen können auf Ihren Weg.

Um Mitgefühl zu entwickeln, müssen Sie Ihre Fähigkeit zu liebevoller Freundlichkeit kultivieren. Liebevolle Freundlichkeit ist die Haltung, mit der eine Mutter ihrem neugeborgenen Kind begegnet, und die man wie einen Muskel durch Übung trainieren kann.

Freundlich mit sich selbst umzugehen ist besonders wichtig, wenn man müde, gestresst oder einsam ist und ein starkes Bedürfnis nach Dingen wie Zuwendung, Bestätigung, Stimulation, Essen oder Drogen hat. Diesen Gefühlslagen begegnet man am besten mit Mitgefühl, Freundlichkeit und einer großen Portion liebevoller Zuwendung.

Vielleicht möchten Sie gerne freundlicher mit sich umgehen, wissen aber nicht, wie Sie damit anfangen können. So können Sie es schaffen: Geben Sie sich das Versprechen, sich mindestens einmal am Tag etwas Freundlichkeit zu schenken. Starten Sie an den folgenden drei Tagen mit einem solchen Versprechen in den Tag.

Datum: ______________________

Tag 1

Mein Angstlevel lag bei:

10

9

8

7

6

5

4

3

2

1

0

Was könnte ich tun, um mir selbst mit Freundlichkeit zu begegnen?

Wenn ich Angst habe, wie könnte mir dieser Moment der Freundlichkeit helfen?

Ich gebe mir das Versprechen,
mir diesen Akt der Freundlichkeit zukommen zu lassen.

Ich werde um ________ Uhr auf diese Weise
freundlich zu mir sein.

(Falls möglich, legen Sie eine genaue Uhrzeit fest.)

Datum: ____________________

Tag 2

Mein Angstlevel lag bei:

10
9
8
7
6
5
4
3
2
1
0

Was könnte ich tun, um mir selbst mit Freundlichkeit zu begegnen?

Wenn ich Angst habe, wie könnte mir dieser Moment der Freundlichkeit helfen?

Ich gebe mir das Versprechen,
mir diesen Akt der Freundlichkeit zukommen zu lassen.

Ich werde um ________ Uhr auf diese Weise
freundlich zu mir sein.
(Falls möglich, legen Sie eine genaue Uhrzeit fest.)

Datum: ______________________

Tag 3

Mein Angstlevel lag bei:

10
9
8
7
6
5
4
3
2
1
0

Was könnte ich tun, um mir selbst mit Freundlichkeit zu begegnen?

Wenn ich Angst habe, wie könnte mir dieser Moment der Freundlichkeit helfen?

Ich gebe mir das Versprechen,
mir diesen Akt der Freundlichkeit zukommen zu lassen.

Ich werde um ________ Uhr auf diese Weise
freundlich zu mir sein.

(Falls möglich, legen Sie eine genaue Uhrzeit fest.)

Mitgefühl und Freundlichkeit sind keine Gefühle. Es sind Taten.

Ein Freundlichkeitsmantra finden

Ein Tipp: Schließen Sie in Momenten, in denen es Ihnen richtig schlecht geht, die Augen, legen Sie sich eine Hand auf die Stirn oder auf die Brust und stellen Sie sich vor, es handele sich um die Hand einer Bezugsperson aus Ihrer Kindheit, die sich um Sie gekümmert hat, wenn Sie krank waren. Denken Sie an irgendjemanden, der Ihnen das Gefühl gegeben hat, geliebt und umsorgt zu werden. Die Freundlichkeit der Hand dieses liebevollen Menschen lebt in Ihnen fort. Und Sie können sich diese Freundlichkeit selbst schenken, jetzt und zu jeder Zeit, an jedem Ort.

Es ist an der Zeit, ein Freundlichkeitsmantra zu suchen. Das Mantra sollte einfach sein und Ihnen etwas bedeuten. Empfinden Sie einen starken Widerstand gegen einen bestimmten Satz, versuchen Sie es mit einem anderen – so lange, bis Sie einen finden, der zu Ihnen passt. Es könnte ein Satz sein wie:

Möge ich Frieden finden.

Möge ich freundlich sein.

Möge ich Freude erfahren.

Möge ich frei von Leid sein.

Nehmen Sie sich einen Moment Zeit, um Ihren persönlichen Satz zu formulieren.

Möge ich ______________________________

Sie können auch mehrere Sätze aneinanderreihen.

Möge ich ____

Möge ich ____

Möge ich ____

Während Sie sich durch Ihren Tag bewegen, sagen Sie immer wieder einmal Ihre persönlichen Freundlichkeitssätze still vor sich hin. Wenn Sie dann durch irgendetwas oder irgendjemanden abgelenkt werden, machen Sie sich sanft bewusst, was es war, das Ihre Aufmerksamkeit auf sich gezogen hat, und schließen Sie diesen Gegenstand, die Person oder das Lebewesen in Ihren Freundlichkeitswunsch mit ein. Kommen Sie dann wieder zurück zu sich selbst und fahren Sie fort.

Werte und Ziele

Um es noch einmal zu sagen: Die Reise Ihres Lebens setzt sich zusammen aus vielen einzelnen Schritten – dem, was Sie tun. Jeder einzelne Schritt bringt Sie entweder näher an das heran, was Ihnen wichtig ist, oder entfernt Sie davon. Und Ihre Werte sind, wie Sie erfahren haben, wie Leitsterne, an denen Sie sich ausrichten können, während Sie einen Schritt vor den nächsten setzen. Sie geben die Richtung vor. Das ist besonders wichtig, wenn Sie sich hin- und hergeworfen fühlen in einem Meer aus Sorgen, Ängsten, Panik und düsteren Vorstellungen.

Wir brauchen Werte – und wir brauchen Ziele. Während Werte so etwas sind wie die grobe Richtung, die wir in unserem Leben einschlagen wollen, sind Ziele konkrete, erreichbare Aufgaben, die uns helfen, in diese Richtung voranzukommen. Betrachten Sie Ziele als Schritte auf dem Weg in die Richtung, die unsere Werte uns vorgeben.

Suchen Sie sich einmal einen Ihrer Werte heraus – einen, den Sie stärker in Ihrem Leben zur Geltung bringen wollen. Umreißen Sie diesen Wert mit einigen wenigen Worten.

____

____

Überlegen Sie sich nun ein Ziel, das Sie gerne erreichen würden und in dem sich dieser Wert widerspiegelt. Formulieren Sie das Ziel möglichst *spezifisch* (konkret, praktisch).

____

____

Ist es ein *bedeutsames* Ziel? Steht es für etwas, das Ihnen wirklich wichtig ist? Wenn nicht, formulieren Sie es so, dass es bedeutsam ist.

Ist es ein *aktiv erreichbares* Ziel? Ist es etwas, wozu Sie in der Lage sind und worüber Sie Kontrolle haben? Wenn nicht, formulieren Sie es so, dass es aktiv erreichbar ist.

Ist es ein *realistisches* Ziel? Eines, das in Ihrer gegenwärtigen Lebenssituation erreichbar ist? Wenn nicht, formulieren Sie es so, dass es realistisch ist.

Ist es ein *zeitlich festgelegtes* Ziel? Etwas, dass Sie sich in den Kalender eintragen können? Wenn nicht, formulieren Sie es so, dass es zeitlich festgelegt ist.

Und schließlich das Allerwichtigste: Ist es ein *wertebasiertes* Ziel, eines, das Sie tatsächlich in die Richtung führt, die Ihre Werte Ihnen vorgeben? Kommt darin zum Ausdruck, was Ihnen wirklich am Herzen liegt und was für ein Mensch Sie sein oder werden wollen? Falls nicht, formulieren Sie es so, dass darin eine oder mehrere Ihrer persönlichen Wertvorstellungen zum Ausdruck kommen.

Haben Sie ein Ziel gefunden, ist das die erste Zwischenstation auf Ihrer Reise. Befassen Sie sich nun mit den einzelnen Schritten, die Sie unternehmen müssen, um dorthin zu gelangen. Beginnen Sie mit einem kurzfristig erreichbaren Ziel und brechen es auf kleinere Zwischenziele herunter. Denken Sie an jeden einzelnen Schritt, der notwendig ist, um Ihr Ziel zu erreichen. Schreiben Sie diese Schritte auf.

Bringen Sie die einzelnen Schritte nun in eine logische Reihenfolge. Was muss zuerst geschehen, damit die anderen Schritte folgen können? Wenn keine besondere Reihenfolge erforderlich ist, beginnen Sie mit dem einfachsten Schritt.

1. ____________________

2. ____________________

3. ____________________

4. ____________________

5. ____________________

6. ____________________

7. ____________________

8. ____________________

9. ____________________

10. ____________________

Nun ist es an der Zeit, ein Commitment einzugehen, also sich fest vorzunehmen, an der Erreichung des Ziels zu arbeiten. Beginnen Sie mit Schritt 1.

Ich werde am __________ um __________ Uhr ____________________________.
[einfügen: Datum] [Zeitpunkt] [Schritt]

Überlegen Sie, wem Sie es mitteilen möchten, wenn Sie Ihr Ziel erreicht haben.

Ich werde ______________________________ anrufen oder eine Nachricht schicken.

Umgang mit Barrieren

Sie arbeiten nun schon länger daran, sich über die Barrieren, die Ihnen wegen Ihrer Ängste im Weg stehen, Klarheit zu verschaffen. Die meisten Hindernisse, auf die wir bislang eingegangen sind, kommen aus Ihrem Inneren. Es gibt aber noch eine andere Art von Hindernissen, auf die Sie stoßen können, nämlich äußere Barrieren. So kann es Ihnen z.B. an Geld, Zeit, Können oder notwendigen Informationen fehlen, um Dinge zu tun, die Ihnen wichtig sind. Im Grunde genommen ist es aber gar nicht so wichtig ist, ob es sich um innere oder äußere Barrieren handelt, die sich Ihnen in den Weg stellen. Entscheidend ist vielmehr, dass Sie einen Plan haben, wie Sie mit ihnen umgehen können.

Denken Sie an irgendeine Sache, die Sie umsetzen möchten, weil sie Ihnen viel bedeutet.

____

____

____

____

____

Stellen Sie sich einmal vor, es stünde Ihnen überhaupt nichts im Wege und Sie wären frei, das zu tun, worauf Sie Wert legen. Sehen Sie vor Ihrem inneren Auge, wie Sie genau das verkörpern, was Sie tief in Ihrem Inneren sein möchten. Malen Sie sich aus, wie das in einem Film auf einer großen Kinoleinwand aussähe. Beschreiben Sie die Szenen im Detail.

Konzentrieren Sie sich auf die ersten Schritte. Was passiert in dem Moment, in dem Sie ins Handeln kommen? Wo befinden Sie sich? Was sagen Sie? Was tun Sie mit den Händen, den Füßen? Und falls andere Menschen beteiligt sind – wie reagieren diese auf Sie?

Machen Sie dann eine Bestandsaufnahme all dessen, was in Ihrem Inneren vorgeht. Beobachten Sie zunächst, was Ihr Verstand Ihnen zu sagen hat. Kommt er Ihnen mit irgendwelchen Bewertungen, die die Situation, Ihre Mitmenschen oder Sie selbst betreffen? Mit hinderlichen Gedanken wie „Das schaffe ich nicht" oder „Das ist zu schwer"? Entmutigenden Äußerungen im Stil von „Hat doch sowieso keinen Zweck" oder „Lass es bleiben"? Oder malt er irgendwelche düsteren Vorstellungen an die Wand, Katastrophenbilder, böse Erinnerungen, Horrorszenarien? Vielleicht sagt er auch andere Dinge wie „Für so etwas habe ich doch gar keine Zeit". Nehmen Sie das alles einfach zur Kenntnis und schreiben es hier auf.

____

____

____

____

Machen Sie nun weiter mit dem, was Sie gerade in Ihrem Körper spüren. Welche Empfindungen nehmen Sie wahr?

____

____

____

____

____

Schauen Sie nun danach, ob Ihr Verstand Sie auffordert, irgendetwas zu tun. Verlangt er beispielsweise, dass Sie die Flucht ergreifen, sich abwenden, um sich schlagen oder aufgeben? Registrieren Sie diese Impulse und schreiben Sie sie auf.

Malen Sie sich nun aus, dass Sie wertebewusst handeln, ohne dass Ihnen dabei irgendetwas im Wege steht. Sie haben mit keinerlei Barrieren zu kämpfen und schaffen es, genau das zu tun, was Sie sich vorgenommen haben. Wie fühlt sich das an? Achten Sie auf Gedanken, Gefühle und körperliche Empfindungen. Beschreiben Sie Ihr inneres Erleben.

Nachdem Sie in Ihrer Vorstellung getan haben, was Sie tun wollten, richten Sie Ihre Aufmerksamkeit auf das, was Sie in diesem Szenario um sich herum wahrnehmen – die Menschen, die Ereignisse und die Umgebung. Hat sich etwas verändert? Wie fühlt es sich an, etwas getan zu haben, vor dem Sie Angst hatten?

Wenn Sie bereit sind, die Übung zu beenden, öffnen Sie die Augen wieder und notieren Sie die positiven Dinge, die sich aus Ihrem Verhalten ergeben haben. Nutzen Sie diese Entdeckungen, um sich daran zu erinnern, was alles möglich wird, sobald Sie Ihre Reise beginnen.

Du kultivierst echtes Glück, wenn du deinem Verstand, deinem Körper und den Spuren, die die Vergangenheit hinterlassen hat, mit Bereitschaft, Offenheit und Akzeptanz begegnest. Und wenn du dich darin übst, das, was du tun willst, auf eine sanfte, freundliche und achtsame Art und Weise zu tun.

Hin und wieder werden Sie länger brauchen als gedacht, um ein Ziel zu erreichen. Das ist völlig in Ordnung. Wir haben alle unser eigenes Tempo. Die Hauptsache ist, dass Sie sich weiter in die richtige Richtung bewegen und dabei in Kontakt mit dem bleiben, worauf Sie Wert legen. Und wenn sich Ihnen schwierige Gedanken und Gefühle in den Weg stellen, dann greifen Sie auf die Strategien und Fähigkeiten zurück, die Sie in den vorherigen Kapiteln kennengelernt haben.

Frieden schließen mit einer schwierigen Vergangenheit

Wahrscheinlich haben Sie oft unter Ihren Ängsten gelitten. Und möglicherweise haben Sie aufgrund Ihrer Ängste Dinge getan, die Sie sich heute noch vorwerfen. Dinge, die noch nicht verziehen sind.

Wenn Menschen das Wort „Verzeihen" hören, urteilen Sie oft vorschnell. Möglicherweise gilt das auch für Sie. Vielleicht sagt Ihr Verstand, Verzeihen bedeute, vergangenes Unrecht gutzuheißen oder zu vergessen. Oder, schlimmer noch, Verletzungen zu ignorieren, die Ihnen jemand anderes oder Sie sich selbst zugefügt haben. Möglicherweise betrachten Sie die Bereitschaft zu verzeihen als Zeichen von Schwäche oder als etwas, das ein bestimmtes inneres Gefühl voraussetzt. Nichts davon ist wahr. Verzeihen bedeutet nicht mehr und nicht weniger als das Loslassen einer schmerzhaften Vergangenheit. Wer verzeiht, dessen Wunden können heilen und der kann seinen Weg fortsetzen.

Nehmen Sie sich zunächst einen Moment Zeit, um schmerzhafte und leidvolle Erfahrungen anzuerkennen als das, was sie sind, ohne Verleugnung und ohne Verurteilung. Welchen Tribut hat die Angst in Ihrem Leben gefordert?

Treten Sie einen Schritt zurück. Wie würde sich Ihr Blick auf die Angst verändern, wenn Sie sich bewusst machten, dass die Angst nicht schuld ist, an dem Schmerz, den sie verursacht. Es ist schlicht das Wesen der Angst, schmerzhaft zu sein. Die Angst tut, was sie tut. Ihre Wahl ist nicht, ob die Angst schmerzt oder nicht, Ihre Wahl ist, wie Sie damit umgehen, wenn sie auftaucht. Eine hilfreiche und lebensbejahende Möglichkeit besteht darin, in solchen Situationen mit Mitgefühl und Freundlichkeit zu reagieren. Wie genau könnten Sie dem Schmerz, den Ihnen die Angst an verschiedenen Stellen in Ihrem Leben zufügt, mitfühlend begegnen? Seien Sie kreativ.

Freundlichkeit und Mitgefühl zeigen sich in deinem Tun – in der Art und Weise, wie du mit deinem Verstand, deinem Körper und deinem Leben in Beziehung trittst. Freundlichkeit und Mitgefühl werden dir helfen, deine Wunden zu schließen und deinen Lebensweg fortzusetzen, anstatt auf der Stelle zu treten und weiter mit alten Verletzungen zu hadern.

Schreiben Sie nun einen Brief an Ihre Angst, in dem Sie ihr verzeihen. Lassen Sie alles los, was Sie an Bitterkeit und altem Groll ihr gegenüber empfinden.

Liebe Angst!

Lassen Sie den Wunsch los, dass noch irgendetwas passieren muss. Hören Sie auf, noch etwas lösen zu wollen oder Vergeltung zu suchen und nutzen Sie die Energie und die Mühe, die Sie darauf verwendet haben, für etwas Konstruktiveres. Sie können Ihrem Erleben Freundlichkeit entgegenbringen, indem Sie Ihren Schmerz schlicht als das anerkennen, was er ist. Machen Sie ihn sich zu eigen, schließlich ist er ein Teil von Ihnen – und dann lassen Sie ihn los.

Umgang mit alten Verletzungen

Sie haben eine Vergangenheit. So wie jeder Mensch. Sie besteht aus vielen Augenblicken, dunklen, hellen und neutralen. In Ihrem Leben gab es schöne Momente und bittere, extrem bittere womöglich. Erinnerungen an das Erlebte können dazu führen, dass Sie sich lebendig fühlen – oder zerrissen und verletzt. Es gibt viele Arten, an Vergangenem hängen zu bleiben.

Im Leben voranzukommen ist nur schwer möglich, wenn man ständig den Blick zurückwendet. Viel hängt davon ab, ob wir es schaffen, Augen und Herz auf das zu richten, was vor uns liegt.

Für die folgende Übung benötigen Sie eine Kerze, ein Feuerzeug oder Streichhölzer und einen Platz zum Sitzen. Zünden Sie die Kerze an und machen Sie es sich auf Ihrem Stuhl bequem. Betrachten Sie die Flamme der Kerze und richten Sie Ihre Aufmerksamkeit auf den Atem. Achten Sie darauf, wie sich Brustkorb und Bauch sanft im Rhythmus des Atems ausdehnen und wieder zusammenziehen. Nehmen Sie sich einige Minuten Zeit, einfach zu atmen und zur Ruhe zu kommen.

Wenden Sie nun Ihre Aufmerksamkeit der Erinnerung an ein angst- oder schmerzerfülltes Erlebnis zu. Schauen Sie, ob Sie sich erlauben können, die Situation so deutlich wie möglich vor Ihrem inneren Auge erstehen zu lassen, so als würden Sie einen Film in Zeitlupe anschauen. Beschreiben Sie das Geschehen möglichst ausführlich.

Wenden Sie sich nun der Kerze zu. Betrachten Sie die Flamme und behalten Sie gleichzeitig die Vorstellung der leidvollen Situation im Bewusstsein. Öffnen Sie sich so gut Sie können gegenüber all dem, was Sie fühlen: Verletztheit, Schmerz, Traurigkeit, Reue, Verlust, Groll. Geben Sie sich die Erlaubnis, sich Ihrer schmerzhaften Gefühle bewusst zu werden und erkennen Sie einfach das Leid an, das Sie erfahren haben – auch das, das Sie möglicherweise selbst verursacht haben. Es gibt keinen Grund, Widerstand zu leisten, zu kämpfen oder nach Schuldigen zu suchen. Machen Sie sich einfach bewusst, was Sie erfahren haben – und erkennen es an.

Denken Sie nun an die Person oder das Ereignis, die bzw. das Ihnen die Verletzung zugefügt hat. Lassen Sie zu, dass die Person oder das Ereignis eins werden mit der Kerze. Wenn Sie es selbst waren, der den Schaden verursacht hat, sehen Sie sich selbst in der Kerze. Konzentrieren Sie sich auf die Kerze und stellen Sie sich weiter die Person oder die Situation vor, von der die Verletzung ausgegangen ist. Setzen Sie das, was geschehen ist, mit der Flamme und die verantwortliche Person oder Situation mit der Kerze gleich. Wenn Sie selbst das Leid verursacht haben, dann sind Ihre Handlungen die Flamme und Sie die Kerze.

Machen Sie sich bewusst: Die Flamme ist nicht die Kerze. Die Handlungen der Person, die Ihnen Leid zugefügt hat, sind nicht identisch mit der Person selbst. Atmen Sie weiter ein und aus und geben Sie sich etwas Zeit, um sich diesen Unterschied deutlich zu machen. Bringen Sie dann alle verletzenden Handlungen einzeln in die Flamme. Nehmen Sie sie wahr, benennen Sie sie und beachten Sie den Unterschied zwischen den Taten und dem Menschen, von dem sie ausgegangen sind. Konzentrieren Sie sich auf das, was geschehen ist, nicht darauf, wer es getan hat.

Richten Sie abschließend Ihre Aufmerksamkeit wieder auf den Menschen in der Kerze, denjenigen, der Ihnen Leidvolles angetan hat, bzw. auf sich, falls der Schaden von Ihnen selbst ausgegangen ist. Schreiben Sie darüber, dass diese Person auch ein Mensch, ein verletzlicher Mensch ist, so wie Sie auch. Im Grunde genommen sind Sie gar nicht so verschieden. Machen Sie sich die Belastungen bewusst, die der andere in seinem Leben ausgesetzt war, seine Verluste, verpassten Gelegenheiten, Fehler und Schwächen, verletzten Gefühle, seine Hoffnungen und Träume – ohne seine Handlungen zu rechtfertigen. Schauen Sie, ob Sie mit der Menschlichkeit und der Fehlbarkeit dieses Menschen in Kontakt kommen können – so wie Sie auch mit Ihrer eigenen Menschlichkeit, Ihrer Fehlbarkeit, Ihrem Kummer, Ihren Verlusten, Ihrem Schmerz und Ihrem Leid in Kontakt gehen können.

Sind Sie jetzt bereit, zu versuchen, Mitgefühl an den Tag zu legen, loszulassen und Ihren Weg fortzusetzen? Schauen Sie, ob Sie sich bewusst machen können, wie Ihr Leben aussehen könnte, wenn Sie all die negative Energie, an der Sie noch festhalten – Groll, Ärger und Bitterkeit –, loslassen könnten. Wie wäre es, nicht mehr gegen Schmerz und Kummer aus der Vergangenheit ankämpfen zu müssen? Frieden zu schließen?

Wenn Sie so weit sind, machen Sie sich bewusst, dass auch Sie in der Vergangenheit darauf angewiesen waren, dass andere bereit waren, Ihnen zu verzeihen. Dehnen Sie diese Bereitschaft auf die Person aus, die Ihnen Leid zugefügt hat. Was könnten Sie diesem Menschen sagen?

Strecken Sie sanft Ihre Hände aus und sagen:

Indem ich dir vergebe, vergebe ich mir selbst. Indem ich meinen Schmerz
und meine Wut dir gegenüber loslasse, schenke ich mir selbst Frieden und Freiheit.
Ich lasse Frieden und Mitgefühl in mein Leben und in meine Verletzungen.
Ich befreie mich von der Last, die ich schon so lange mit mir herumtrage.

Wiederholen Sie diese Sätze langsam und dehnen Ihre Bereitschaft zu verzeihen immer weiter aus.

Der Film Ihres Lebens

Wenn Sie weiter daran arbeiten, Ihrem eigenen Erleben offen zu begegnen, auch wenn Sie Angst verspüren, werden Sie vermutlich mit vielen alten Geschichten über sich selbst und darüber, was für eine Art von Mensch Sie sind, konfrontiert werden. Wie sieht der Film Ihres Lebens aus, den Ihr Verstand aus den unterschiedlichsten Szenen Ihres Lebens zusammensetzt? Stellen Sie sich vor, Sie betrachteten Ihre eigene Vergangenheit auf einer großen Kinoleinwand. Aus welchen Erlebnissen ist die Geschichte zusammengebaut? Welche Ereignisse oder Erfahrungen zieht Ihr Verstand besonders gerne heran, um die Geschichte Ihres Lebens zu erzählen?

Der Film Ihres Lebens, erste Fassung

Schreiben Sie einmal die Geschichte Ihres Lebens auf, so wie sie Ihnen mehr oder weniger spontan in den Sinn kommt. Es ist in Ordnung, wenn Ihnen überwiegend dunkle Momente aus Ihrer Vergangenheit einfallen. Es ist aber auch in Ordnung, wenn dies nicht der Fall ist. Schreiben Sie einfach alles nieder, lassen Sie es fließen. Überarbeiten Sie das Geschriebene nicht, streichen Sie nichts weg.

Halten Sie nun inne und atmen ein paarmal langsam ein und aus. Dann lesen Sie sich selbst langsam und laut vor, was Sie geschrieben haben.

Betrachten Sie den Text achtsam. Werden Sie zu Ihrem „Beobachter-Ich“, das einfach registriert, was ist. Um was für eine Art von Geschichte handelt es sich?

Wodurch bekommt die Geschichte Sie zu fassen, woran bleiben Sie hängen? Enthält sie irgendetwas, das für Sie jetzt gerade schwer erträglich ist? Löst sie irgendetwas in Ihnen aus, gegen das Sie sich wehren müssen?

Registrieren Sie einfach, was ist, und schauen Sie, ob es möglich ist, die Haltung eines freundlichen und unparteiischen Beobachters einzunehmen.

Der Film Ihres Lebens, zweite Fassung

Wir möchten nun, dass Sie Ihren Text umschreiben. Behalten Sie die Tatsachen aus der ersten Fassung bei, ergänzen sie aber. Welche Erfahrungen haben Sie in der ersten Version ausgelassen? Was könnten Sie noch hinzufügen?

Fühlt sich diese neue Version anders an? Hat sie die gleiche Wirkung wie die erste? Löst die Geschichte irgendetwas in Ihnen aus, was Sie jetzt nicht ertragen können?

Der Film Ihres Lebens, dritte Fassung

Wir möchten Sie einladen, die Übung wenigstens noch ein weiteres Mal zu wiederholen, falls Sie dazu bereit sind. Behalten Sie alles aus der zweiten Fassung bei und fügen Sie sowohl weitere Erfahrungen hinzu – auch solche, die schon lange zurückliegen und die Ihnen vorher nicht in den Sinn gekommen waren – als auch Einsichten, die Sie aus der überarbeiteten Fassung gewonnen haben. Geben Sie sich ungefähr fünf Minuten Zeit zu schreiben.

Schauen Sie sich an, was Sie gerade geschrieben haben. Betrachten Sie Wörter, Buchstaben und die Tinte auf dem Papier. Nehmen Sie dabei eine möglichst freundliche, wohlwollend interessierte und sanfte Haltung ein. Überlegen Sie: Gibt es irgendetwas an der Geschichte, das für Sie jetzt gerade nicht zu ertragen ist?

Sich auch in angstvollen Momenten von Werten leiten lassen

Es wird Zeiten gehen, in denen die Stimme Ihrer Angst lauter wird und versucht, Sie davon abzuhalten, Dinge zu tun, die Sie tun wollen. Wenn das passiert, können Sie auf folgende Strategien zurückgreifen.

1. **Frischen Sie Ihre Achtsamkeits- und Meditationspraxis auf.** Sie können dazu mal die eine, mal die andere Übung verwenden. Wechseln Sie ruhig auch mal den Ort. Und schauen Sie nach neuen Übungen in Büchern, im Internet und den verschiedenen Apps oder kreieren Sie eigene.
2. **Wenn Sie zu sehr in festen Gewohnheiten hängen, steigen Sie daraus aus und tun mal etwas Neues.** Stellen Sie sich das Leben als Speisekarte vor, die viele verschiedene Angebote für Sie bereithält. Bestellen Sie nicht jedes Mal das Gleiche, sondern ziehen Sie alle Optionen in Betracht und treffen bewusst einmal eine andere Wahl als sonst. Verlassen Sie die eingefahrenen Pfade, es muss nicht zu Ihrem Schaden sein.
3. **Machen Sie sich weiter schlau.** Erweitern Sie Ihr Wissen über Achtsamkeit, Meditation und den Ansatz zum Umgang mit Angst, den Sie in diesem Buch kennengelernt haben. Er beruht auf der Akzeptanz- und Commitmenttherapie, einer Form von Therapie, in der es um die Stärkung der psychischen Flexibilität angesichts von Angst, Stress und anderen inneren Erfahrungen geht. Das Ziel ist stets die Orientierung an Ihren Nordsternen – den Dingen, die wirklich für Sie zählen.
4. **Sorgen Sie für aufbauende Erfahrungen.** Gönnen Sie sich eine Pause von Nachrichten, Internet, sozialen Medien und anderen Dingen, die Stress und Unruhe in Ihr Leben bringen. Schalten Sie Bildschirme ab und schenken Sie sich eine ruhige Auszeit von dem negativen Lärm aus der Welt um Sie herum. Stille führt zu innerem Frieden und gibt Ihnen Raum, um nachzudenken und in Bewegung zu kommen. Oder gehen Sie bereichernden Aktivitäten nach, tun z.B. etwas, was mit Ihren Werten in Einklang steht, lesen gute Geschichten, verbringen Zeit in der Natur oder beschäftigen sich mit Kunst.

5. **Pflegen Sie einen spielerischen Umgang mit Ihrem Verstand, Ihrem Körper und dem Leben.** Zahlreiche Studien zeigen, dass Erwachsene, die nicht alles so ernst nehmen und sich Zeit für Spiel und Spaß nehmen, in der Regel glücklicher und gesünder sind und auch länger leben. Überlegen Sie einmal, welche Dinge, die Sie gerne tun, mit Spaß und einer gewissen Leichtigkeit verbunden sind, und schauen Sie, ob Sie diese spielerische Seite stärker ausleben können – auf körperlicher, geistiger und emotionaler Ebene. Wer weiß, was sich daraus alles ergibt – lassen Sie sich überraschen.

Wenn Sie auf innere Barrieren stoßen und unsicher sind, ob Sie etwas Bestimmtes tun oder lassen sollen, gehen Sie einmal in sich, um zu einer Entscheidung zu kommen. Die folgenden Fragen können Ihnen dabei Hilfestellung leisten.

Wenn die Gedanken (bzw. Gefühle, körperlichen Empfindungen oder Erinnerungen), die ich jetzt erlebe, mir einen Rat geben würden, würde dieser Rat mich eher weiterbringen in meinem Leben oder mich ausbremsen?

Wenn ich an einen meiner wichtigsten Werte denke, welchen Hinweis würde mir dieser Wert in diesem Moment geben?

Was würde ich meinem Kind oder einem anderen mir nahestehenden Menschen in dieser Situation raten?

Wenn andere mich dabei beobachten könnten, würden Sie sehen, dass ich etwas tu, worauf ich Wert lege?

Wohin hat es mich in der Vergangenheit gebracht, wenn ich diesem Rat gefolgt bin?

Was sagt meine Erfahrung über diese Lösung? Und wem sollte ich mehr vertrauen, meinem Verstand und meinen Gefühlen – oder meiner Erfahrung?

Wie kann ich es schaffen, mich mit meinen Barrieren auf ein Leben, das meinen Wertvorstellungen entspricht, zuzubewegen?

Bringt mich das, was ich gerade tu, in meinem Leben weiter nach vorn oder wirft es mich zurück?

Schritt für Schritt erschaffst du dir ein sinnerfülltes Leben.

Ist das, was ich gerade tu, etwas, auf das ich Wert lege? Und worauf lege ich Wert?

Sich diese Fragen zu stellen, wenn Sie mit Gegenwind oder Zweifeln zu kämpfen haben, ist weitaus hilfreicher, als auf die kleinmütige Stimme der Angst zu hören oder einfach nur Ihren Impulsen zu folgen.

Ein letztes Wort an die Angst

Zu guter Letzt noch eine Frage: Was wollen Sie Ihrer Angst mitteilen? Schreiben Sie ihr einen Brief und sagen Sie ihr, wie es Ihnen mit ihr geht.

Wahrnehmen, zulassen, tun

Vergessen Sie auf Ihrem Weg durchs Leben eines nicht: Sie haben alles, was Sie brauchen, auch wenn Ihr Verstand das Gegenteil behauptet. Ihr Gefühlsleben ist ein Geschenk und starke Gefühle wie Angst und Furcht sind da, um Sie darauf hinzuweisen, was Ihnen wirklich wichtig ist. Wenn Sie intensiv fühlen, heißt das ja schließlich oft, dass Ihnen etwas sehr am Herzen liegt. Ihre Angst kann auch ein Hinweis darauf sein, dass Sie sich von dem Leben entfernen, das Sie eigentlich leben wollen. Denken Sie daran: Sie können fühlen, was auch immer Sie fühlen, und dennoch tun, was Ihnen wichtig ist. Ihre Bereitschaft, genau das zu tun, im Großen wie im Kleinen, wird darüber entscheiden, was für eine Art von Leben Sie führen.

Wir wünschen Ihnen alles Gute für Ihre Reise!

Die Autoren

Dr. John P. Forsyth ist Professor für Psychologie und Leiter des Forschungsprogramms für Angststörungen am Fachbereich Psychologie der *New York State University* in Albany. Forsyth ist ein gefragter Sprecher, Leiter von ACT-Workshops und Mitglied verschiedener Lehrkörper *(Omega Institute for Holistic Studies, Esalen Institute* und *1440 Multiversity).* In seinen Lehrveranstaltungen und Veröffentlichungen geht es vor allem um die Linderung von seelischem Leid, die Stärkung des Geistes sowie die Förderung von Wohlbefinden mit Hilfe von ACT und Achtsamkeitspraktiken. Er ist Coautor von „Mit Ängsten und Sorgen erfolgreich umgehen" und „Angst kommt und geht".

Dr. Georg H. Eifert ist emeritierter Professor für Psychologie und ehemaliger Prodekan der *School of Health and Life Sciences* an der *Chapman University* in Orange (Kalifornien). Eifert ist ein international renommierter Autor, Wissenschaftler, Sprecher und Trainer für die Anwendung von ACT. Er ist Coautor von „Mit Ängsten und Sorgen erfolgreich umgehen", „Angst kommt und geht" und „Mehr vom Leben: Wege aus der Anorexie".

Anzeigen